AF606995

Supervisión y *counselling*

Una aproximación desde la práctica

José Carlos Bermejo
Rosa María Belda

Supervisión y *counselling*

Una aproximación desde la práctica

Desclée De Brouwer

© EDITORIAL DESCLÉE DE BROUWER S. A., 2025
Henao, 6 - 48009 Bilbao
www.edesclee.com
info@edesclee.com

Impreso en España – Printed in Spain
ISBN: 978-84-330-3955-2
Depósito Legal: BI-698-2025

Un agradecimiento entrañable
a los Centros de Escucha de España
que acompañan generosamente a muchas
personas sufrientes, con el corazón en las manos.

Índice

Introducción

En el presente trabajo, nos adentramos en lo que otros autores dicen sobre la supervisión, en especial los que hablan de supervisión en *counselling*. Como no hay demasiado escrito sobre el tema, también hemos indagado en la supervisión que se realiza desde la psicología clínica, tomando aquellos aspectos que pueden aplicarse al *counselling*.

Es un inicio, una primicia desde el ámbito del *counselling* que se desarrolla en los Centros de Escucha y otros dispositivos de acompañamiento en los que nos movemos. Después de esta labor de estudio y *destilado*, creemos que lo que hemos sistematizado puede servir no solo para estos espacios sino para otros en los que es precisa esa mirada externa, donde se solicita consultar con otro profesional sobre *cómo hacemos lo que hacemos* en el ámbito de las relaciones de ayuda.

El índice del libro muestra nuestro afán por tratar de conceptualizar después de estudiar a otros, pero también por ahondar en cuestiones éticas como evitar el daño. Tratamos de dar pistas para aplicar la teoría a las actitudes que deseamos que estén presentes en *counselling*: empatía, aceptación incondicional y autenticidad. Pretendemos reflexionar desde la experiencia de la cámara Gesell, los grupos Balint, la práctica de supervisión del *counselling* individual o en grupo a través de los análisis de encuentros. Invitamos a pensar sobre los fenómenos complejos como la transferencia y la contratransferencia.

Hemos desarrollado cuadros propios para sintetizar lo que hemos aprendido. Hemos recogido testimonios y experiencias de personas que están involucradas en la supervisión. Hemos recogido la práctica que ya se viene desarrollando décadas en el Centro de Humanización de la Salud. Hemos desarrollado instrumentos para supervisar y hemos recopilado otros que ya estábamos utilizando. Hemos extraído algunas conversaciones que sirven de base para aplicar la teoría, de manera que lo que decimos no se quede solo en conceptos, o que los conceptos nazcan de la acción. Con este trabajo demostramos que la supervisión es una práctica viva, abierta, que se despliega desde unas premisas básicas pero que es creativa y original.

Este material pretende servir de matriz, ha de ser subrayado y ampliado, reflexionado en los grupos o individualmente, debe ser objeto de diálogo, debe interpelar, y sobre todo está pensado para generar estructuras de supervisión, siempre con la idea de que sirvan a las personas y a los grupos que persiguen la excelencia en el ejercicio del *counselling*.

El reto es seguir apostando por un modelo humanista en las relaciones de ayuda. La palabra supervisión no es la que mejor identifica la realidad de fondo que es *acompañar al que acompaña*. De momento, es la que nos sirve para abrir un camino que no se agota aquí. El necesario compartir inquietudes, el oportuno tomar en consideración el punto de vista de otro, el desahogo cuando estoy sobrepasada, la gestión de la emoción del que acompaña, la búsqueda de pistas para avanzar cuando me bloqueo, la profundización en el ser que se despliega en el rol y más allá, suponen que exista ese otro, esa otra persona o grupo con el que vivir con salud la preciosa tarea de acompañar.

1

Aproximación al concepto

No he tenido hasta la fecha ninguna supervisión. En realidad, llevo muy poco tiempo de escucha, pero entiendo la necesidad de que alguien externo pueda ayudarme a esa autoexploración tan necesaria para llegar a conocerme a mí mismo, mis propios límites, heridas, fortalezas... para desde ahí poder crecer personalmente y ser más capaces de ayudar sin "contaminar" los procesos de relación de ayuda.

—José Avilés.
Coordinador del Centro de Escucha de Lavapiés (Madrid)

Las frases que me vienen a la cabeza sin pensar demasiado sobre qué es para mí supervisar son: constante aprendizaje, oportunidad de descubrir, "alivio en el tormento", aventura, toma de responsabilidades, nuevos paisajes, capítulos a explorar, recordar que cada día puede ser una hoja en blanco con potencial, honradez...

Respecto a los grupos de iguales, me parece fundamental compartir las dificultades para no aislarme o sentirme sola en mis dificultades y aprender con mis compañeros formas inspiradoras y diferentes de trabajar.

—Isaura Mañoso,
Counsellor, miembro de ACHE
(Asociación de Counselling Humanista Española)

En el intento de definir un concepto amplio y ambiguo como es el de supervisión, pretendemos decir lo que no es, atisbar lo que es y acotar el término en lo que se refiere al *counselling*. La idea es la de ir desgranando, tomando entre las manos y separando lo no nos sirve para alimentar nuestra búsqueda. Es este un primer intento aproximativo.

Este particular acercamiento nos permite hablar de la supervisión "con apellido". Nuestro trabajo se centra en la supervisión en *counselling*, un terreno específico de la psicoterapia. El *counselling* es, "en su núcleo sustancial, esa forma de relación auxiliante, interventiva y preventiva, en la que un consejero, sirviéndose de la comunicación lingüística y sobre la base de métodos estimulantes y corroborantes intenta en un lapso de tiempo relativamente corto provocar en el sujeto desorientado, sobrecargado o descargado inadecuadamente un proceso activo de aprendizaje de tipo cognitivo emocional, en el curso del cual se puedan mejorar su disposición a la autoayuda, su capacidad de autodirección y su competencia operatoria"[1]. Esta definición, así como el desarrollo del concepto que encontramos en *Introducción al counselling*[2], permite que el presente estudio se centre allí donde la supervisión puede servir al desarrollo personal y al desenvolvimiento de los *counsellors*.

Al definir, necesariamente proyectamos sueños y valores, es decir, lo que queremos que sea, lo que a nuestro parecer *debe ser* desde la mirada acreditada de la experiencia de años de trabajo como *counsellors* y la necesidad sentida de la comunidad de *counsellors* a la que acompañamos. Hay otras formas

1. DIETRICH, G. (1986). *Psicología general del counselling*. Herder. Barcelona, 14.
2. BERMEJO, J. C. (2011). *Introducción al counselling*. Sal Terrae. Santander.

de psicoterapia, hay otros modelos de los que nos nutrimos y a los que aportamos. Hay interrelaciones, semejanzas y diferencias. No diremos ni mucho menos todo, pero pretendemos que lo que decimos sirva para avanzar.

a. Lo que no es

La tarea del supervisor en nuestro ámbito es compleja, puede ser un paso más en la trayectoria del *counsellor*, pero no es imprescindible. Es decir, un buen *counsellor* no ha de convertirse en un supervisor, como si fuera un ascenso, un escalón en el desempeño. De hecho, un buen *counsellor* puede ser un mal supervisor. Sí creemos que un buen supervisor ha de ser un buen *counsellor*, ya que su tarea se basa en su experiencia reflexionada y en su testimonio.

Ejemplos que pueden llevar a confusión son lo que ocurre en las Asociaciones de *counsellors*, donde la supervisión es una especie de escalón, de categoría, y por tanto parecen animar a ello a todos los *counsellors*, estén capacitados o no, *vocacionados* o no.

La supervisión no nace solo de la hipotética amenaza que todos los *counsellors* sentimos ante el peligro de "hacerlo mal". Recoge, sobre todo, nuestro deseo de dejarnos confrontar para mejorar. Responde a la necesidad de seguir creciendo como personas mientras ejercemos la tarea. Todos la necesitamos, y así, el supervisor necesita quien le supervise, en una cadena de acompañamiento que hipotéticamente, no tiene fin.

La supervisión no es control. Parece que nos sentimos más seguros si alguien ejerce la tarea de supervisión en un Centro de Escucha o alguien nos supervisa en el ejercicio de *counselling* en nuestra profesión. El control y la inseguridad se retroalimentan. Pueden llegar a confundirse los términos de manera que la supervisión asegure "cerrar filas" ante un modelo monolítico, y así, poner barreras a la creatividad. Las personas que acompañan se sometan al corsé de lo que es conveniente y esté acreditadamente bien hecho. Pero esto no es propio del *counselling*.

La supervisión no es falta de confianza en los *counsellors* o escuchas, por eso es ideal que se ofrezca y no se imponga, que nazca de lo que necesitamos cuando acompañamos a las personas que sufren. Es una propuesta, no una obligación.

A la vez, resulta extraño que el *counsellor* no quisiera ser supervisado. Se contradice a sí mismo. No es verdaderamente *counsellor* quien piensa así. La dinámica del *counselling* acaba haciendo imprescindible un espacio seguro en el que compartir y contrastar la experiencia.

Supervisar no ha de ser nunca, para los supervisores, un modo de "meternos donde no nos llaman", de saber todo lo que pasa en una sesión o cómo lo hace el *counsellor.* No evalúa, no pone nota. Por ello, es preciso distinguir la supervisión que ocurre en el aula, más relacionada con la docencia, de la más genuina que tiene lugar cuando el *counsellor* deja de ser oficialmente alumno.

b. Perspectiva histórica

La supervisión tiene su origen en el psicoanálisis, o como derivación de la necesidad de los psicoanalistas de una guía para su práctica. Por tanto, el planteamiento que nos hacemos en el campo del *counselling* no es nuevo, aunque sí específico.

La primicia de la supervisión se remonta a S. Freud, que trabajó la fobia de Hans, un niño que tenía miedo a ser mordido por los caballos. Lo hizo a través de su padre, *supervisándolo*. Otro texto de Freud, en el que hace ver la falta de habilidad de un médico en el diagnóstico y tratamiento, sirve de base para la creación de la Asociación Psicoanalítica Internacional con el fin de evitar esa mala praxis de los que a sí mismos se llamaban psicoanalistas. Es interesante resaltar que era a través de cartas, es decir, a distancia, como Sigmund Freud orientaba la "terapia" a quien debía impartirla. Una práctica que puede ser plenamente actual ya no con las misivas en papel sino a través de los correos electrónicos, pero también con los chats, las videollamadas y la aplicación WhatsApp.

En el Instituto de Psicoanálisis de Berlín, allá por 1923, se consideraba un requisito básico para la formación analítica la experiencia clínica supervisada. En dicho instituto, los analistas instructores y los analistas supervisores no eran las mismas personas, cuestión que nos hace reflexionar en la práctica de hoy, por si hubiera que evitar que la evaluación de los programas de formación y la supervisión del *counsellor* se confundan o supongan un conflicto de intereses.

El enfoque psicodinámico que nace del psicoanálisis y se enriquece más allá de Freud, considera que el fundamento de la supervisión está en el manejo de la *contratransferencia*, es decir, en las respuestas emocionales inapropiadas suscitadas en el terapeuta por la problemática y la dinámica inconsciente del paciente, que se traducen en frustración, aburrimiento, confusión, irritación o conductas contraproducentes para la terapia. Si no se resuelven las contratransferencias pueden dar lugar a rupturas en la alianza terapéutica, a perpetuar las conductas inconscientes y a poner en peligro el bienestar de los clientes[3].

El término "control" fue progresivamente eliminado con la influencia de la Asociación Americana de Psicoanálisis en 1960, lo que implica una evolución a lo interno en lo que se refiere a los procesos formativos en las relaciones profesionales de ayuda psicológica[4].

Los terapeutas sistémicos, además de considerar la supervisión como un componente imprescindible de la terapia, han hecho importantes aportaciones en el campo de la supervisión, sobre todo en lo relativo al concepto de *sistema observante*, que nos permite ver lo que ocurre tanto en la sala de consulta como con la entrada en juego del supervisor[5].

Nos interesa especialmente la supervisión desde la psicología humanista que es recogida por diversos autores. En un artículo de Alejandro López Marín[6] se hace un paralelismo con las condiciones facilitadores propuestas por Rogers y se aplican

---

3. Valle Valadez, A.; Contreras Tinoco, K.; Laso Ortiz, E. (2020). "Los modelos de supervisión", capítulo 1 de la obra de Laso, E.: *Guía integral de la supervisión en Psicoterapia*. Morata, Madrid, 20.
4. Zas Ros, B., "Apuntes históricos sobre el origen de la supervisión como práctica profesional en la psicología". En: *Alternativas cubanas en Psicología* / volumen 11, número 32, en https: //acupsi.org/apuntes-historicos-sobre-el-origen-de-la-supervision-como-practica-profesional-en-la-psicologia, leído en septiembre 2023.
5. Rodríguez Vega, B.; Fernández Liria, A. (2015). "La supervisión". En: Moreno, A. (Ed.), *Manual de Terapia Sistémica. Principios y herramientas de la intervención*. Desclée De Brouwer, 2ªed. Bilbao, 557.
6. López Marín, A., "Supervisión clínica en psicoterapia centrada en la persona". En: *Espacio ECP – Núcleo de Estudios y Formación en Psicología Humanista Río Bueno*, Chile. En el marco de Holos (1ª escuela Argentina de Formación en *Counselling* dirigida por Sánchez Bodas y Berneman) en www.revistaenfoquehumanistico.com - N° 38, artículo editado en junio 2022 y consultado en mayo 2024.

al espacio de la supervisión. Las condiciones básicas en nuestro desenvolvimiento como *counsellors* y como supervisores son las que ya conocemos, están en nuestras raíces históricas y por eso las sintetizamos con lo que propone el autor:

- *La comprensión empática del supervisor*: el supervisor intenta mantener y comunicar lo que comprende desde el marco de referencia del supervisado, para devolver comprensión y ampliar la percepción del supervisado.
- *La congruencia del supervisor:* el supervisor debe estar atento a sus experiencias y sentimientos que surgen momento a momento, durante el proceso. Estas experiencias y sentimientos tienen que ver con la consultante, con el supervisor, y con la relación de ambos.
- *La consideración positiva e incondicional del supervisor*: evitando las valoraciones respecto a la experiencia del supervisado, sin enjuiciar ni buscar imponer su punto de vista. De este modo, el consultante se siente menos tenso o amenazado y así puede desplegarse.

Por último, subrayamos que la supervisión en *counselling* tiene sus orígenes en la psicología clínica y en las experiencias de supervisión llevadas a cabo en este terreno. En *counselling*, las exigencias a nivel formativo en cuanto a supervisión no están delimitadas. Tampoco las competencias. El presente trabajo pretende abrir un itinerario en este sentido para dar respuesta a algunas realidades de acompañamiento concretas: el aula, los Centros de Escucha y el ejercicio del *counselling* en las profesiones de ayuda. No sería adecuado maximizar el horizonte, sino concretar lo que queremos ofrecer a los *counsellors* que realizan supervisión. Es nuestra aportación a la historia de la supervisión en *counselling*.

c. Diferentes modelos de supervisión

Desde el Centro de Escucha Javier Osés de Huesca, realizamos la supervisión de diferentes maneras. En alguna ocasión de forma grupal con el resto de escuchas, siendo ellos también partícipes de la supervisión y aportando alguna propuesta. Y en otras, de manera individual, tanto de forma presencial como telefónica. Hemos probado la supervisión de diferentes formas y, por mi experiencia, y al menos con el grupo de escuchas voluntarios que forman parte del equipo, lo que mejor ha funcionado ha sido el poder adaptarnos a las necesidades, dificultades y disponibilidades que ha tenido cada persona. Me he adaptado al tiempo, frecuencia y modalidad de supervisión que cada uno ha demandado, que por disponibilidad de tiempo ha podido mantener.

La supervisión me ha aportado tener una visión amplia de los casos que estamos acogiendo, trabajar en equipo, poder tener un mayor acercamiento con los escuchas, mejorando de esta manera la cohesión y el vínculo entre todo el equipo. Igualmente, aprender de ellos, valorar y tener otras formas de afrontar los casos, al tener en cuenta los diferentes puntos de vista y propuestas de los voluntarios.

—Lucía Torner Arroyos
Coordinadora del Centro de Escucha D. Javier Osés (Huesca)

"No existe un solo modelo que dé cuenta de todas las dinámicas y los aspectos que se deben examinar dentro de la supervisión"[7]. Eso sí, se tiende a reconocer la supervisión clínica como una competencia profesional central en psicología.

De los modelos clásicos de supervisión, que describimos brevemente, podemos extraer aprendizajes específicos:

- El ***psicoanálisis***, ya referido, centrado en los efectos *contratransferenciales* que impiden al supervisado cumplir con sus responsabilidades profesionales. Incluye dos posibilidades: El supervisor es el experto imparcial que posee los conocimientos teórico-prácticos. La segunda se enfoca en la relación misma como un proceso paralelo a la relación del supervisado con el cliente[8].

De este modelo subrayamos la idea de la necesaria toma de conciencia de las transferencias y las contratransferencias en *counselling* que van a ayudarnos a trabajar con toda nuestra persona a favor del ayudado. Los supervisores hemos de profundizar en lo que esto significa, al menos como iniciados.

- El ***humanismo***, ya citado, que con Carl Rogers propone la empatía, la aceptación incondicional y la autenticidad, como esencias tanto de la psicoterapia como de la supervisión. La supervisión se basa en el natural deseo por parte del supervisado de crecer. La relación es de confianza, evitando la crítica, y desde ahí se pueden explorar los sentimientos profundos y procesos inconscientes, y así el propio supervisado supera sus bloqueos.

---

7. Botero-Garcia, C., Giovanni, I., & Morales Arias, C. (2022). "Supervisión en psicología clínica: Una revisión sobre estudios empíricos". En *Universitas Psicológica*, 21, 2. https://doi.org/10.11144/Javeriana.upsy21.spcr.
8. Laso, E., *Guía integral de la supervisión en Psicoterapia*. Morata. Madrid 2020, 21.

De este modelo obtenemos las actitudes básicas para nuestra práctica que han de presidir el proceso de supervisión.

- El ***cognitivo conductual***, en el que el supervisado aprende habilidades específicas para desarrollar lo mejor posible la terapia, reforzando conductas, eliminando lo inadecuado. Desde la terapia cognitivo conductual, algunos enfoques promueven la disposición a trabajar con uno mismo, o lo que se conoce como "proceso de distanciamiento y reflexión sobre las propias experiencias y patrones cognitivos, emocionales, psicológicos y conductuales como profesional"[9].

De este modelo aprendemos tanto técnicas que nos ayudan a superar bloqueos y mejorar las intervenciones de los *counsellors* como el ejercicio de autorreflexión y autopráctica. Será útil en el abordaje de cuestiones concretas.

- La ***terapia sistémica***, en la que nos detendremos un poco más. La supervisión presta atención directamente al sistema terapéutico. Supervisor y terapeuta reflexionan sobre las notas o las grabaciones de las sesiones, o bien indirectamente, observando cómo se refleja ese sistema en las experiencias del aquí y ahora del proceso de supervisión.

En este modelo es interesante resaltar algunos aspectos que van a ser muy útiles para la supervisión en *counselling*, y que sintetizamos a partir del estudio de Rodríguez Vera y Fernández

---

9. GUZMAN-SESCOSSE, M. (2023). "La relación terapeuta-paciente como elemento clave en la terapia cognitivo conductual". En: *Revista de Psicoterapia, 34*(126), 189-204. https://doi.org/10.5944/rdp.v34i126.38036.

Liria[10]. El foco de la supervisión puede estar en la sesión, en el proceso o en el contexto.

- Foco en la sesión:
  - Explorando el **contenido** de la misma (el microcosmos de la sesión). La meta es ayudar al terapeuta a que preste atención al paciente, que "esté" con él, sin juzgar desafiando los propios prejuicios.
  - Explorando las **estrategias e intervenciones** utilizadas o que podría haber utilizado. La meta es aumentar las elecciones y habilidades del terapeuta. El supervisor puede generar más opciones a través de una lluvia de ideas, aunque las ideas sean descabelladas.
  - Explorando la **relación terapéutica**, con la meta de que el terapeuta aumente la perspicacia sobre la dinámica de la relación. El supervisor puede pedir al terapeuta que narre o que utilice metáforas para describir la relación con el paciente.

- Foco en el *proceso terapéutico:*
  - Explorando el proceso del terapeuta cuando se trata de analizar la *contratransferencia*, lo que el terapeuta siente consciente o inconscientemente hacia el paciente.
  - Explorando el proceso del aquí y ahora de la sesión de supervisión como espejo de la entrevista con el paciente.
  - Explorando la contratransferencia del supervisor, de manera que esta utiliza sus propias respuestas emocionales para iluminar aspectos de la terapia.

10. Rodríguez Vega, B.; Fernández Liria, A. (2015). "La supervisión". En: Moreno, A. (Ed.), *Manual de Terapia Sistémica. Principios y herramientas de la intervención*. Desclée De Brouwer, 2ªed. Bilbao, 560-565.

- Foco en un *contexto* más amplio: se refiere a los códigos profesionales, éticos, organizacionales, de manera que la pregunta al terapeuta tiene que ver con la coacción que siente en el marco de una institución concreta.

También aportado desde la Terapia Sistémica, otro modelo de supervisión que proponen Ladany, Friedlander y Nelson en 2005, es el basado en los *eventos críticos*. La premisa de la que parten es que la resolución de cuestiones interpersonales desafiantes representa un importante mecanismo de cambio, lo mismo que ocurre en la psicoterapia. Se diría que hay mini-metas en el proceso de aprender, y se pueden ir enfrentando objetivos parciales. En este modelo se trabajan eventos concretos tales como los déficits de habilidades, los conflictos de rol, la contratransferencia, la atracción sexual, las interpretaciones equívocas en cuanto al género, los pensamientos o sentimientos problemáticos del terapeuta, por nombrar algunos. Los autores señalan unas secuencias con relación a cada evento crítico, dependiendo de dónde se pone el foco, y se llega a una resolución como resultado de acometer una tarea, llegando a producirse un cambio en la autoconciencia del terapeuta (con relación s sesgos, creencias, conocimientos)[11].

Por último, es especialmente interesante el modelo de *supervisión integradora*, basado en la construcción de narrativas terapéuticas, que trata de poner el acento en *cómo pensar* más que en lo que hay que pensar. Este modelo, es más difícil para terapeutas principiantes. Se trata de mirar los conflictos emocionales y cognitivos de manera amplia, con actitud abierta, teniendo en cuenta la incertidumbre que habita la vida misma.

11. Rodríguez Vega, B.; Fernández Liria, A. (2015). "La supervisión". En: Moreno, A. (Ed.), *Manual de Terapia Sistémica. Principios y herramientas de la intervención*. Desclée De Brouwer, 2ªed. Bilbao, 566.

La orientación de la supervisión, en este caso, tiene como meta identificar las fortalezas personales. Se propone la presentación de fortalezas a modo de narrativas, metáforas o imágenes, y contarlas ante una audiencia (el grupo supervisor) que refleja y las valora usando el diálogo reflexivo, del tipo: "¿cómo se manifiesta esa fortaleza en la práctica?". La narrativa tiene así un poder transformador[12].

Dicen algunos autores[13], que tanto en el modelo humanístico-existencial, como en el cognitivo-conductual o en el sistémico, se establece la supervisión para ayudar a los terapeutas en la etapa de formación para el manejo de situaciones críticas o de elevada disfuncionalidad.

Esteban Laso repasa numerosos modelos de supervisión, en su obra *Guía integral de psicoterapia*, y entre ellos, destaca el *modelo alternativo de supervisión* propuesto por Bordin, que refiere que, para que una supervisión sea efectiva, es preciso una fuerte alianza entre supervisor y supervisado, y consta de tres elementos: el acuerdo de objetivos, el acuerdo en tareas y el vínculo emocional.

Otro modelo interesante es el de Prochaska y Norcross que integra las habilidades de intervención, conceptualización y personales con los roles de maestro, consultor y consejero, de manera que describe 5 estadios:

- Supervisado *pre-contemplativo*: no se da cuenta de que hay un problema en su trabajo y, cuando es señalado por

12. Rodríguez Vega, B.; Fernández Liria, A. (2015). "La supervisión". En: Moreno, A. (Ed.), *Manual de Terapia Sistémica. Principios y herramientas de la intervención*. Desclée De Brouwer, 2ªed. Bilbao, 568-570.
13. Fernández-Álvarez, H.; Grazioso, M. P. (2023). "Desafíos de la supervisión en psicoterapia [Editorial]". *Revista de Psicoterapia, 34*(126), 1-8. https://doi.org/10.5944/rdp.v34i126.38692.

el supervisor, se siente sorprendido, incluso puede comportarse defensivo. El supervisor funciona como maestro.

- Supervisado *contemplativo*: el supervisado empieza a ser consciente de que algunas de sus intervenciones pueden no ayudar. El supervisor ayuda a gestionar el miedo, la incertidumbre, la inseguridad.
- Supervisado en fase de *preparación*, en la que se abre a la comprensión más compleja de la terapia y el supervisor abandona el rol pedagógico.
- Supervisado en *acción*, que empieza a implementar nuevos enfoques y teoría, y el supervisor debe tener respeto al cambio y mantenerse abierto.
- Supervisado en estado de *conocimiento*, en el que la supervisión se centra en lo que no mejora a pesar de haber realizado cambios, dando seguridad y confianza, aceptando la realidad de proceso de la terapia.

Por último, Laso plantea el *modelo dialéctico-evolutivo de supervisión*, en el que describe los niveles de competencia del terapeuta, de manera que el supervisor es capaz de discriminar las destrezas del supervisado en cada momento de su crecimiento personal, desafiándolo a alcanzar el siguiente nivel[14].

En síntesis, lo que entendemos que propone Laso son 5 niveles con un concepto vertebrador y preguntas-actividades facilitadoras para el supervisor, que podemos aplicar al *counselling*:

- **Principiante de *counselling***: el supervisor se centra en la *técnica/destrezas* y el proceso de desarrollo es la aplicación

14. Laso, E.: *Guía integral de la supervisión en Psicoterapia*. Morata. Madrid 2020, 50-117.

de la técnica y la identificación de la misma en las prácticas y ejercicios.

- **Practicante de *counselling***: el supervisor se centra en *hipótesis o teorías*, con el objetivo de reflexionar sobre los errores y crear planes para el abordaje de las sesiones. La hipótesis no es un diagnóstico, sino la formulación de varios planteamientos que remiten a las causas, al desde dónde.
- ***Counsellor***: el supervisor se centra en las *relaciones*, tanto las que establece el *counsellor* con su cliente, como la que establece el *counsellor* con el grupo o con el supervisor. En este caso, ayuda a identificar pautas, modula las intervenciones y nombra las mejoras.
- **Experto:** el supervisor se centra en los *principios* del *counselling*, de manera que establece conexiones, y así ayuda a extraer nuevas formas de intervención para conseguir los objetivos, anticipando el futuro, ayudando a improvisar.
- **Maestro**: el supervisor se centra en las cualidades, ayuda a cada supervisado a identificar las fortalezas, a aprovechar toda la potencia personal y a modularse a sí mismo para improvisar, utilizar la intuición, reorientar lo que no funciona, identificar el proceso de *counselling* en el aquí y ahora, con las peculiaridades que exige el contexto y la relación concreta, haciendo avanzar el conocimiento con nuevas propuestas que se convierten en teoría.

Aunando los modelos y aplicándolos a los ámbitos en los que trabajamos, obtenemos el siguiente cuadro que da pistas sobre nuestro modelo de supervisión en el que el foco va variando según el rol y la madurez en el desarrollo del *counsellor*, no siendo excluyente sino complementario el objetivo en cada etapa.

Destinatario	Espacio	Supervisor (Sv)	Objetivo	Modelo
Principiante-alumno (Supervisado precontemplativo)	Aula	Profesor	Aprender destrezas	Cognitivo-conductual Humanista
Practicante-alumno (Supervisado contemplativo y en preparación)	Cámara Gesell	Profesor con rol de supervisor	Modular tendencias Interiorizar actitudes	Sistémico Humanista
Counsellor (Supervisado en acción y en estado de conocimiento)	Vis a vis Centro Escucha (equipos pequeños o subequipos) Ejercicio de la profesión	Counsellor con rol de supervisor Análisis de encuentros (todo el grupo es SV)	Afirmar fortalezas. Detectar área de mejora. Vislumbrar transferencias y contratrans-ferencias. Trabajar sobre eventos críticos	Sistémico Humanista
Counsellors con rol de supervisores *Counsellors* con amplia trayectoria y madurez (Supervisados en estado de conocimiento)	Cámara Gesell Vis a vis	Todo el grupo es SV *Consellor* con rol de supervisor	Contraste de opiniones. Contratrans-ferencias y trabajar sobre ellas si fuera necesario.	Humanista Psicoanálisis

d. Hacia una definición

Para decir lo que significa para mí supervisar, recuerdo el momento en que comenzaba como "escucha", la iniciación a una labor de voluntariado en equipo. Entonces y ahora nos reunimos una vez al mes para la supervisión, que combinamos con encuentros de prácticas y formación. De hecho, de cada reunión de supervisión salíamos con aprendizajes, ya fuera a través de la experiencia concreta y la consideración en el equipo de las dificultades de los diferentes casos, o por los resúmenes y fichas que nos aportaba el coordinador.

Acudía a este espacio de supervisión desde la necesidad de compartir los avances y conflictos de la escucha que llevaba. Y recibía la perspectiva y retroalimentación de voluntarios con mayor experiencia. Incluso, con la fortuna de contar con personas que habían hecho Máster en counselling en el Centro de Humanización de la Salud. Estas pistas dialogadas me aportaban comprensión, soporte y pautas para continuar la escucha.

Me tocó pasar al rol de coordinar el Centro y dinamizar, de manera colegiada, las supervisiones. Comenzamos por saludarnos y re-conocernos: al comienzo de la sesión decimos nuestro nombre y cómo venimos. Priorizamos la puesta en común de casos que inician y de nuevas voluntarias. Nos escuchamos en relación con el caso, tenemos presente la valoración inicial y los cambios, la transformación de la persona en el acompañamiento, y también del voluntario. En los distintos planos (cognitivo, emocional, físico, relacional). Desprendemos aprendizajes, nos alentamos. La consideración en equipo multiplica la comprensión.

Supervisión significa, pues, apoyo mutuo, escucha del escucha, aprendizaje... recibir por todo ello tanto o más de lo que aportamos. Arraigados en el respeto y en la confianza hacia los procesos de las personas que acuden al Centro, con quienes compartimos humanidad y experiencias de herida. En la raíz, el humilde poder transformador de la escucha.

—Luis Bascones,
Coordinador del Centro de Escucha AEMS, Vallecas (Madrid)

La tarea de supervisor es una opción para quien ha hecho un largo camino como *counsellor* y puede/quiere prestar este servicio. Es un deseo de ser modelo y es una forma concreta de ayudar a los que ayudan. Supone el compromiso de vivir las actitudes de empatía, aceptación incondicional y autenticidad, interiorizando el modelo "hasta los tuétanos". Supone asumir un rol en el aquí y ahora con relación a otros *counsellors* que consultan. Un rol acreditado por la experiencia práctica y la formación experta. Es, además, un rol que todos los *counsellors* adoptamos circunstancialmente en los equipos de trabajo cuando analizamos encuentros de *counselling.*

Destinatarios

Para ayudar a definir, pensemos en los destinatarios. Imaginamos a los escuchas voluntarios de un Centro de Escucha o un recurso similar. Pensamos en los *counsellors* que, tras muchas horas de formación y práctica, ejercen el *counselling* en estos ámbitos u otros aún no formulados. Pensamos en personas que acompañan a otras (ejercen *counselling* o relación de ayuda) en el desarrollo de sus profesiones en el terreno de la sanidad, la acción social, la educación social o la gestión.

La supervisión, lejos del control, es *garantía de calidad*, junto con la formación teórico-práctica acreditada, de que el ejercicio del *counselling* responde a un modelo, aunque no se agota en él; sigue unos criterios metodológicos y éticos. El modelo no es normativo en cuando a cerrado, pero sí está basado en las actitudes de la tríada rogeriana. Desde ahí se postula abierto a modos creativos de hacer acompañamiento. Es calidad también en cuanto a que es soporte cualificado de los acompañantes.

La palabra supervisión deriva etimológicamente del latín *super* (sobre) y *videre* (ver), es decir, visión desde arriba. Desde este momento decimos que la práctica de la supervisión, tanto individual como en grupo, es desde arriba en cuanto a desde *fuera*, no en cuanto a superioridad. Es un servicio de otro que mira, desde la autoridad del que sabe o tiene más experiencia, pero, sobre todo, desde el rol ocasional o no, que implica ver *más al fondo* de lo que está pasando en las sesiones y escuchar lo que está viviendo el *counsellor* para acompañarlo. Por eso, es posible que la palabra supervisión no sea la más exacta para definir lo que sucede cuando se comparten las dudas, los límites, los *pensares y sentires* que se mueven en las sesiones de *counselling.*

Aun así, y con la idea de promover otro término más acorde, haremos el intento de definir qué es la supervisión en *counselling*, y para ello, varias son las fuentes de las que bebemos. Por un lado, la psicoterapia clínica, que es donde más se ha escrito sobre supervisión. Por otro, nuestra experiencia en la docencia en los másteres en *counselling*, así como en la coordinación de los Centros de Escucha en los que participamos, que siguen el modelo promovido en los másteres.

El siguiente testimonio es ilustrativo:

Por no meterme en el término que, sin duda, alude a la visión y a una visión que es a vista de avión, la supervisión es una oportunidad de estar invitado a una sala en la que tú no estás. De alguna manera te sientas en un lugar cercano pero ajeno y la persona supervisada te hace presente lo que ocurre en esa sala.

En la supervisión te hablan de dos personas a la vez y sobre todo de lo que ocurre entre esas dos personas. En el tiempo que llevo acompañando en supervisión he aprendido que por eso son tres elementos los que importan. Lo que la persona que pide ayuda trae tiene un profundo valor, como siempre, y mucho mayor cuanto más bebamos de sus propias palabras. Lo que la persona que ayuda aporta en el encuentro sobre sí misma es ineludible.

Afortunadamente aún no somos inteligencia artificial y por tanto la subjetividad tiñe nuestra escucha y la empatía somática es un elemento que nos acerca al tiempo que nos reta con su contagio. Finalmente, cuando somos invitados ahí podemos ver algo más y es la relación que se está estableciendo y, por tanto, si la relación de ayuda que pretendemos está ajustada, destaca lo que la persona trae y si las destrezas o herramientas que solemos llamar se corresponden con el momento de relación. Al cabo de unos años de estar atendiendo supervisiones es de esto de lo que me di cuenta y vi que eso marca bastante un itinerario de supervisión.

Por último, la supervisión me enriquece porque en realidad cada vez que habla una persona que ayuda está desplegando un conjunto de saberes, de intuiciones, que me permite profundizar aún más cada vez en la dimensión profunda del acompañamiento. Esto mismo ocurre cuando soy supervisado.

Para mí es fascinante encontrarme con mis transferencias, aceptarlas, integrarlas y aprender modos de ponerlas entre paréntesis, cuando es preciso. Lo que ocurre en supervisión cuando yo soy supervisado es lo *que ocurre cuando una persona es escuchada. Me oigo a mí mismo, ordeno lo que digo y hace que eso revierta sobre mí. Pequeñas preguntas me ayudan en este proceso. Uno de mis nortes para mi brújula de supervisor y supervisado es la pregunta sobre la intención. Una de las* más ricas que conozco. Para qué *eliges una pregunta, para qué eliges una palabra, para qué eliges una revelación, para qué has empleado un gesto...*

—Valentín Rodil Gavala
Psicólogo Responsable de UMI (Unidad Móvil
de Intervención en Crisis y en Duelo) dependiente
del Centro de Escucha San Camilo en Tres Cantos

Entre otras riquezas que aquí se expresan, una cuestión crucial es que todos los *counsellors*, también los supervisores, somos destinatarios del proceso de supervisión y desde ahí es más fácil encontrar la respuesta a la pregunta sobre la definición. Palpamos su efecto en nosotros, caminamos en el proceso de ser, nos nutrimos, nos cuestionamos, nos escuchamos a nosotros mismos además de al supervisado, al consultante y a la propia relación.

Primeras definiciones

Una primera forma de definirla es: "Supervisión es un proceso, en el cual, una persona experimentada y cualificada ofrece a una persona sin experiencia en este campo posibilidades de aprendizaje mediante la orientación, instrucción o control. Estas posibilidades de aprendizaje están dirigidas a la persona misma o a su interacción con otros, por ejemplo, clientes, miembros de un grupo, colaboradores"[15]. Como venimos diciendo, el control no es el objetivo en counselling.

Dicen Fernández Álvarez y Grazioso que la supervisión es un componente fundamental de la psicoterapia que sirve para fortalecer el entrenamiento, responder a las dudas, evaluar la práctica, cuidarse a sí mismo ante el impacto de las vidas que escuchamos. Es más útil la supervisión en los casos en los que existe alguna dificultad. El supervisor ayuda a destrabar la dificultad[16].

La supervisión que se propone en algunos programas es evaluativa y jerárquica, es una intervención entre un miembro más antiguo de una profesión y colegas más jóvenes, se extiende en el tiempo y tiene el propósito de mejorar el funcionamiento profesional. Implica que cualquier trabajo con el supervisado tiene el objetivo de mejorar la efectividad con los pacientes[17].

Rodríguez Vega y Fernández Liria recogen algunas definiciones de supervisión y entre ellas: supervisión es "una intervención en la que un terapeuta experto y uno o más terapeutas en formación, establecen un diálogo centrado en los problemas relacionales y de la salud que plantea un consultante con el

15. Daskal, A. M., "Poniendo la lupa en la supervisión clínica". En: *Revista argentina de clínica psicológica* XVII(3), 215-224.

16. Fernández-Álvarez, H.; Grazioso, M. P. (2023). "Desafíos de la supervisión en psicoterapia [Editorial]". *Revista de Psicoterapia, 34*(126), 1-8. https://doi.org/10.5944/rdp.v34i126.38692.

17. Santangelo, P. R. (2020). "Programa de Formación y Entrenamiento en Psicoterapia: Fundamentos Teóricos e Implementación". *Revista de Psicoterapia, 31*(117), 331-346. https://doi.org/10.33898/rdp. v31i117.377.

objetivo simultáneo de mejorar la capacitación y el desempeño profesional del terapeuta en formación, monitorizar la calidad de los servicios ofrecidos a los consultantes que él o ella atienden y evaluar las competencias que el supervisando va adquiriendo dentro de la actividad psicoterapéutica y su proceso de aprendizaje"[18].

Dice Hough que la supervisión no es una terapia, aunque puede proporcionar beneficios terapéuticos, no trata de resolver los problemas personales del *counsellor*[19]. Los supervisores no realizan *counselling* con sus supervisados. Nosotros entendemos que sí que ponen en marcha las actitudes básicas del *counselling*, convirtiéndose así en un testimonio vivo, y que pueden ayudar a detectar problemas, señalando que existen, que están ahí, y que pueden precisar un tratamiento específico. No obstante, estamos de acuerdo en que el supervisor no es un terapeuta del *counsellor.*

Erik de Haan establece una metáfora que aproxima al concepto de supervisión: "es el lugar donde nos limpiamos el sudor de la frente y la suciedad de la cara, nos lavamos las manos, nos miramos al espejo y nos preparamos para ser una persona normal, sin papel ni función". También dice del supervisor que es "guardián, enfermero, desarrollador", y habla de la supervisión como "una reflexión sobre la reflexión" o un "faro de reflexión que flota en un mar de complejidad". La supervisión, dice el autor, puede definirse como "una reflexión disciplinada en la que la historia del caso y los principios se transforman en

18. Rodríguez Vega, B.; Fernández Liria, A. (2015). "La supervisión". En: Moreno, A. (Ed.), *Manual de Terapia Sistémica. Principios y herramientas de la intervención*. Desclée De Brouwer, 2ªed. Bilbao, 557.
19. Hough, M. (2011). *Counselling. Teoría y práctica.* Eleftheria, S. L., Barcelona, 293.

un nuevo potencial de acción y habilidad"; es, por tanto, "un proceso en el que se generan nuevos conocimientos prácticos teniendo en cuenta los principios éticos"[20].

Diferencias con la tutoría, el asesoramiento y la terapia

Según Laso, hay tantas definiciones de supervisión como supervisores existen, o son tan variadas como los estilos terapéuticos, pero si en algo coinciden es en el objetivo de desarrollar las competencias del supervisado y velar por la calidad de la atención, englobando aspectos que tienen que ver con la formación, la tutoría, la terapéutica. Sin embargo, hay que distinguir supervisión de tutoría o *mentoring*, del asesoramiento y de la terapia propiamente dicha[21].

La *tutoría* es una relación recíproca entre un experto y un novato, una especie de tutela formal o informal, en la que el tutor es una guía o modelo dentro de una profesión u organización. El *asesoramiento* se centra en el caso y por tanto es esporádico, es muy concreto y puntual, es una entrega de información unidireccional. La *terapia* supone un proceso profundo de indagación en las motivaciones y creencias personales, para transformarlas. Todo ello no es exactamente supervisión.

La supervisión clínica, según Fernández Liria y Rodríguez Vera, es "una relación *diádica* en la cual una persona ayuda a otra a modificar conductas, afectos y cogniciones para ofrecer servicios más eficaces a los pacientes". Los terapeutas aprenden a ayudar a personas durante su formación, y al mismo tiempo,

20. De Haan, E. (2023). *Supervisión en acción. Un manual para supervisores*. Formación Alcalá, 18-20.

21. Laso, E. (2020). *Guía integral de la supervisión en Psicoterapia*. Morata. Madrid, 41-47.

cambian durante el proceso. Es tarea del supervisor conseguir este objetivo. Si el terapeuta centra su atención en el cliente, el supervisor lo hace en el terapeuta y en el cliente. Más aún: el supervisor centra su atención en la *relación* terapeuta-paciente y en la relación supervisor-supervisado, reproduciendo esta última muchos de los conflictos de la primera. Supervisar significa no solo enseñar técnicas sino "una cierta forma de ver el mundo"[22].

Los mismos autores señalan que la supervisión, a diferencia de la terapia, no tiene como objeto incidir directamente sobre el bienestar del paciente, sino influir positivamente sobre la capacidad del supervisado para llevar a cabo una terapia eficaz con el consultante, es decir, desarrollar lo que se puede denominar un *supervisor interno*, o lo que es lo mismo, la capacidad de observarse a sí mismo tanto como al paciente[23].

Profundizando más

Haan aporta que, en la relación de supervisión, el supervisado va adquiriendo la capacidad de observarse a sí mismo y la disciplina de reflexionar sobre su propio trabajo, aumentando su repertorio de respuestas, aplazando el juicio y confiando cada vez más en su supervisor, lo que le permite compartir cuestiones delicadas de su práctica, conflictos éticos, fuertes sentimientos hacia sus clientes y dudas existenciales sobre sus propias capacidades[24].

22. Fernández Liria, A.; Rodríguez Vega, B. (2001). *La práctica de la psicoterapia. La construcción de narrativas terapéuticas.* Desclée De Brouwer, Bilbao, 2ª ed., 333-334.
23. Rodríguez Vega, B.; Fernández Liria, A. (2015). "La supervisión". En: Moreno, A. (Ed.), *Manual de Terapia Sistémica. Principios y herramientas de la intervención.* Desclée De Brouwer, 2ªed. Bilbao, 556.
24. De Haan, E. (2023). *Supervisión en acción. Un manual para supervisores.* Formación Alcalá, 26.

Supervisión, dice E. Laso es el "proceso destinado a auspiciar el desarrollo del terapeuta en el ámbito profesional, por medio del diálogo reflexivo en torno a las inquietudes que este presenta sobre los casos y temáticas con los que va tropezando a lo largo de su práctica"[25].

En esta definición, varios elementos merecen una explicación que da el autor y que resumimos:

- Es *proceso* porque supone una serie de acciones: describir el caso – plantear la duda – el diálogo reflexivo – la sugerencia. También porque requiere encuentros periódicos en los que se va afianzando la relación.
- *Auspiciar el desarrollo del terapeuta* supone fomentar su evolución, alternando el desafío y el apoyo, promoviendo la autoobservación y la autocrítica.
- En el ámbito profesional, es decir, limitándose a señalar los asuntos en los que el terapeuta ha de trabajarse más a nivel psicológico.
- Mediante el *diálogo reflexivo*, ya que el aprendizaje ocurre *entre* los participantes, en diálogo y no como monólogo. Dicho diálogo es reflexivo, ya que trata de someter a crítica lo que está implícito, tal como las creencias desde las que opera el terapeuta.
- *En torno a las inquietudes* que presenta el supervisado, que permiten al supervisor ayudar a ampliar la capacidad de análisis y de síntesis, siempre desde las necesidades del supervisado.
- *Sobre los casos y temáticas*, ya que el aliciente del supervisado es mejorar el cómo, la práctica concreta.

---

25. Laso, E. (2020). *Guía integral de la supervisión en Psicoterapia*. Morata. Madrid, 48.

El enfoque humanista

Continuando con las definiciones, nos interesa especialmente la que parte del enfoque centrado en la persona, que dice que la supervisión trata de ofrecer una relación comprensiva, consistente, donde el supervisado pueda lograr más autenticidad, aceptación incondicional y empatía, así como su propio estilo de ser terapeuta. El espacio de la supervisión es así un espacio de encuentro interpersonal que posibilita la ampliación de la autoconciencia y la transformación personal[26].

Aplicado al *counselling*, Margaret Hough dice que supervisión se refiere a la práctica de proporcionar apoyo, orientación y retroalimentación a los *counsellors* que trabajan con clientes. Resulta beneficiosa para los *counsellors* porque les ofrece una visión más objetiva, un apoyo para no quemarse, una visión más clara de las transferencias y contratransferencias, un tiempo para pensar y valorar otros enfoques. Considera que es obligatorio, también para los aprendices. Cita a la Asociación Británica para el *counselling* y la Psicoterapia que en su marco ético de buenas prácticas dice que "todos los *counselors*, psicoterapeutas, formadores y supervisores deben recibir un apoyo continuo formal de supervisión o asesoramiento en su trabajo de acuerdo con sus requisitos profesionales"[27].

---

26. Delgado Sandoval, G.; Olivares Vázquez, R. (2012). *Manual de supervisión humanista para la formación de psicoterapeutas y facilitadores desde el enfoque centrado en la persona*. Cuaderno 5. Espiral A. C., México D. F., en es.scribd.com/document/485687687/Manual-de-supervision-humanista-para-la-formacion-de-psicoterapeutas-y-facilitadores-desde-el-enfoque-centrado-en-la-persona, consultado en mayo 2024.
27. Hough, M. (2011). *Counselling. Teoría y práctica*. Elefthería, S. L., Barcelona, 292.

La supervisión, desde la experiencia del profesorado en *counselling*, es un proceso en el que el profesor adopta el rol de supervisor y participa con los alumnos para promover su desarrollo como *counsellors*. Específicamente es así cuando el alumno, en las prácticas (cámara Gesell) se expone ejercitando las destrezas aprendidas. Es un espacio donde teoría y práctica confluyen de manera pedagógicamente interesante. Se trata de acompañar la aplicación práctica de unos conocimientos y el desarrollo continuo del ayudante, así como el despliegue de los valores que le habitan.

El germen de la supervisión en el ámbito formativo en el que nos movemos nace de la atención centrada en tres aspectos que solicitamos a todos los alumnos en su aprendizaje: *la persona acompañada, la relación y sí mismos*. Como si de tres pilares de la autoevaluación de las sesiones se tratara, ayudamos a los alumnos a ser conscientes de lo que está sucediendo en el aquí y ahora de la relación de *counselling* durante todo el proceso, de manera que al acabar la sesión puedan constatar qué ha sucedido en la sesión.

La supervisión en *counselling*, desde nuestro punto de vista, tiene el objetivo principal de que el *counsellor* caiga en la cuenta de cómo es la *relación* con sus clientes, así como que pueda nombrar los *valores* que están presentes, los *sentimientos*, los *sesgos y prejuicios*, las *conductas* que tienen lugar en el proceso de *counselling*, incluso atisbar las *dinámicas* que subyacen. Es llegar a esa *consciencia*, pero además poner en marcha novedades, *iniciativas* que mejoren la relación terapéutica y el manejo de *sí mismos* en la relación. Esto se realiza en el espacio "seguro" de la supervisión desde las actitudes de empatía, aceptación incondicional y autenticidad, propiciando el ánimo para crecer personalmente a cuenta del trabajo como *counsellors*.

La supervisión, individual, o en grupo, da lugar a un espacio de aprendizaje permanente desde la propia práctica, y de reciclaje también. Un lugar de descarga de "malos rollos" y de recarga de energía y vitalidad. Una posibilidad de reforzar las cualidades y descubrir áreas de mejora. Una llamada a la reflexión sobre la acción, compartida. Un modo de desvelar cómo el *counsellor* se ve involucrado y expuesto en el proceso de ayuda. Una forma única de crecer, como acompañantes y como personas, inmersos "en la harina" de la tarea cotidiana.

El testimonio que sigue refleja estos aspectos y ayuda a definir la supervisión desde la práctica:

Mi experiencia es en su mayoría grupal, y en este caso supone la posibilidad de generar un proceso que va mucho más allá de las aportaciones individuales, el grupo genera alternativas y puntos de vista, estimula el cambio y el crecimiento y nos lleva, a quienes participamos, hacia procesos de aprendizaje a los que difícilmente accederíamos de otra forma.

A nivel individual, constituye para mí, una relación de ayuda en una función en la que acompaño a la persona en la tarea de tomar conciencia sobre las dificultades que el rol le supone, y la forma en las que las pueden abordar. A nivel interno, con la carga emocional y experiencial que supone, y a nivel relacional, observando los procesos que se generan con sus consecuencias.

—Ernolando Parra.
Psicólogo y counsellor.

e. Criterios para la supervisión

Para que la supervisión sea eficaz ha de cumplir algunos requisitos:

- El supervisor sabe situarse en los diferentes niveles en los que está el supervisado, atravesando los diferentes estadios de *estancamiento*, *confusión* e *integración*. En el estancamiento, la visión del supervisado es simplista, cree que se encuentra ante dilemas. En la fase de confusión se da cuenta de que las situaciones son más complejas. En la fase de integración es capaz de reorganizarse y avanzar[28].
- El supervisor se adapta al estilo, al lenguaje, a los conocimientos del *counsellor*, añadiendo algo más si lo conoce y reconociendo lo que no conoce.
- El supervisor está dispuesto a discutir los errores que comete como supervisor, así como a autorrevelarse más, en aras a ser referente útil y generar confianza.
- El supervisor ofrece apoyo sin criticar, con empatía, autenticidad, aceptación incondicional, evitando formas explícitas o sutiles de autoritarismo/paternalismo.
- El supervisor, junto al supervisado, genera una alianza terapéutica con objetivos claros y un esquema, y ayuda a que el supervisado tenga en cuenta el marco en el que se deja supervisar.
- El supervisor no es intrusivo en cuestiones personales del supervisado. Puede señalar la necesidad de una terapia específica, eso sí. Esto diferencia la supervisión de la terapia y supone *no hacer de "counsellor del counsellor"*.

---

28. FERNÁNDEZ LIRIA, A.; RODRÍGUEZ VEGA, B. (2001). *La práctica de la psicoterapia. La construcción de narrativas terapéuticas*. Desclée De Brouwer, Bilbao, 2ª ed., 333.

- El supervisor se compromete con el crecimiento personal del supervisado, como hipótesis general pero siempre con los límites que marca el supervisado. Esto lo diferencia del asesoramiento, que es puntual y para el caso.
- El supervisor asume el riesgo de supervisar, con el flujo constante de emociones que esto supone: rechazos directos o indirectos, celos disfrazados o críticas, tentaciones diversas, y precisa, a su vez, apoyo para realizar bien su tarea, sin caer en la trampa de desarrollar una especie de coraza o *piel gruesa*[29].

Como ya insinuamos anteriormente, la tarea de evaluación del supervisor que actúa genuinamente como tal es diferente del profesor. Es decir, como supervisores de *counsellors* nos planteamos si es útil ser "juez y parte", o si es mejor que ambas figuras no coincidan. Constatamos que la relación de supervisión es más eficaz cuanto más desprovista se encuentre de otros intereses, lo que la convierte en más segura, más libre y auténtica.

El siguiente testimonio evoca algunos de estos criterios para supervisar. La experiencia de supervisar consiste en:

- *Detenerse y hacer silencio para mirar en profundidad. "Quítate las sandalias de los pies, pues el sitio que pisas es terreno sagrado" (Ex 3, 5).*
- *Adentrarse en el misterio de cada persona, "bucear" en su historia, reconocer las fortalezas y mecanismos de afrontamiento que le han permitido seguir adelante a pesar de las dificultades y reflexionar acerca de lo que podría cambiar para acercarse más a lo que está llamada a ser.*

29. De Haan, E. (2023). *Supervisión en acción. Un manual para supervisores.* Formación Alcalá, 9.

- *Acompañar a los counsellors/escuchas en su propio camino de autoconocimiento.*
- *Identificar qué me resuena y convertirlo en crecimiento personal.*

—Celia del Rincón
Psicóloga Supervisora del Centro de Escucha
–COF San Julián de Cuenca

Detenerse, mirar en profundidad, adentrarse en el misterio de la persona, reconocerla en sus fortalezas y en las defensas, acompañar a autoconocerse, y todo ello con el respeto, empatía y autenticidad que destilan estas palabras.

f. Funciones y tareas de la supervisión

Rodríguez Vera y Fernández Liria[30] establecen 3 funciones para la supervisión:

- *Función formativa,* en la que el supervisor ayuda al supervisado a que desarrolle habilidades y adquiera conocimientos. Lo hace a través de la toma de conciencia de sus propias reacciones y respuestas al cliente, entendiendo las dinámicas que operan y explorando otras formas de trabajar.
- *Función de apoyo y restauración,* en la que el supervisor hace una función similar a la de "cuidado del cuidador".
- *Función de gestión o normativa,* en la que el supervisor es una especie de control de calidad del trabajo de un terapeuta.

30. Rodríguez Vega, B.; Fernández Liria, A. (2015) "La supervisión". En: Moreno, A. (Ed.), *Manual de Terapia Sistémica. Principios y herramientas de la intervención.* Desclée De Brouwer, 2ªed. Bilbao, 558-559.

Basándonos en lo que dice Margaret Hough[31], para la que la principal tarea del supervisor es mejorar la relación del *counsellor* con sus clientes, la supervisión puede cumplir los siguientes cometidos:

- Ofrece una posibilidad de visión semi-objetiva al supervisado.
- Es un sostén para mantener la confianza y evitar "quemarse".
- Ofrece una visión más clara de las transferencias y contratransferencias, ayudando a modificar las emociones negativas que se experimentan con relación a algunos clientes.
- Permite valorar las habilidades y enfoques utilizados con cada cliente.
- Proporciona orientación, apoyo, motivación, nuevas perspectivas.
- Permite un tiempo para la reflexión y el pensar.
- Es un reflejo de lo que ocurre en la relación con los clientes.
- Es un lugar seguro en el que identificar problemas personales del supervisado, aunque no sean tratados por los supervisores.
- Es un espacio gratificante intelectual y emocionalmente, que ayuda a explorar nuevas técnicas de *counselling* en supervisor y supervisado.

Desde el enfoque narrativo de Rodríguez Vera y Fernández Liria[32], las tareas del supervisor, abreviadas, consisten en:

31. Adaptación de lo que dice Hough, M. (2011). *Counselling. Teoría y práctica.* Eleftheria, S. L., Barcelona, 292-293.
32. Rodríguez Vega, B.; Fernández Liria, A. (2015). "La supervisión". En: Moreno, A. (Ed.), *Manual de Terapia Sistémica. Principios y herramientas de la intervención.* Desclée De Brouwer, 2ªed. Bilbao, 571-572.

- Generar un clima de confianza y apertura sin juicio o crítica. Conviene explicitar que, si de la sesión de supervisión se sale con más sensación de incapacidad, es porque el supervisor ha incurrido en algo que no ha de pasar nunca en estas sesiones.
- Reconocer los nodos más importantes de dificultad, así como de fortaleza, tanto en la narrativa del paciente como en la relación terapéutica y en cada uno de los integrantes. Con ello se detectan claves que nunca funcionarán.
- Acordar el foco de supervisión, el contrato de supervisión, para una sesión o varias.
- Si es una supervisión grupal, facilitar la aportación de todos los participantes, para que hablen desde su propia experiencia, sin pretender corregir, y ayudando a que formulen sus sugerencias de esta manera. Así mismo, se animará a que en cada intervención señalen primero lo que ha sido útil y, en segundo lugar, lo que se podría hacer de otra manera.
- Facilitar que se compartan conclusiones particulares desde la pregunta "¿qué te llevas tú?" u otra similar, y conclusiones generales a modo de síntesis.
- Reconocer explícitamente los límites de la supervisión y la terapia. No se trata de centrarse en la persona del terapeuta (su personalidad o conflictos) sino en el proceso de la relación terapeuta-paciente y enfocar los conflictos solo cuando son oportunidad u obstáculo para la terapia.

Deducimos que las funciones/tareas del supervisor en el ámbito del counsellig se pueden expresar así:

Destinatario	Espacio	Supervisor	Objetivo	Tarea
Principiante-alumno	Aula	Profesor	Aprender destrezas	Presenta teoría y ejemplifica
Practicante-alumno	Cámara Gesell	Profesor con rol de supervisor.	Modular tendencias / interiorizar actitudes.	Rel. Tª y Pª. Refuerza. Introduce nuevas posibilidades. Modera la participación al grupo.
Counsellor	Centro Escucha (equipos pequeños o subequipos) Ejercicio de la profesión Vis a Vis	*Consellor* con rol de supervisor. Análisis de encuentros (Todo el grupo actúa como SV).	Afirmar fortalezas. Detectar área de mejora. Vislumbrar transferencias y contratransferencias. Trabajar sobre eventos críticos.	Genera confianza. Anima a señalar dónde está la dificultad. Hace preguntas para la autorreflexión. Facilita la participación. Aporta/acepta conocimientos. Anima a autorrevelarse. Da apoyo ante el desánimo.
Counsellors con rol de supervisores *Counsellors* con amplia trayectoria y madurez	Cámara Gesell Vis a vis	Todo el grupo actúa como SV. *Counsellor* con rol de supervisor.	Intercambiar puntos de vista. Detectar contratransferencias y trabajar sobre ellas si es necesario.	Anima a la autorrevelación con preguntas para identificar patrones de conducta que dificultan o facilitan en la supervisión a otros.

Descendiendo del plano más teórico al experiencial, nos apoyamos en el testimonio de Juan F. Martínez, director del Centro de Escucha San Camilo de Huelva. Dice lo que es para él la experiencia de supervisión de escuchas que acompañan a personas en duelo y analiza dicha definición. Desde ahí tomamos conciencia de funciones y tareas propias de la supervisión:

La experiencia de supervisión es una oportunidad sentida y compartida de ser y crecer a nivel personal y como comunidad acogedora del dolor, poniéndolo en relación con el amor; a través de la "escucha" activa y compasiva.

1ª Frase: *Una experiencia personal que me permite acompañar (como responsable de la supervisión) la tarea de la "escucha", aplicada a los casos de duelo que compartimos en el grupo de manera asertiva, adquiriendo destrezas a través del conocimiento y aplicación del Modelo Humanizar y de las herramientas como son la Relación de ayuda y el counselling.*

2ª Frase: *Me permite descubrir y responder a las necesidades formativas del Equipo de escuchas (a nivel personal y grupal)... La misma sesión ofrece una oportunidad de formación y crecimiento, de hacer partícipe a los demás en el seguimiento del caso considerado, y consultar las dudas pertinentes, así como enriquecernos de la experiencia de los otros; permite aclarar dudas y generar confianza.*

3ª Frase: *Me permite realizar una triple mirada:*

- *Sobre el doliente.*
- *Sobre las herramientas utilizadas; modelo de intervención, la relación de ayuda, el counselling, otras.*
- *Y sobre la práctica del "escucha".*

Tomarle el pulso a la calidad de la escucha que realiza el grupo.

4ª Frase: *Me permite reconocer y valorar cómo se ha sentido el escucha durante la sesión de supervisión o seguimiento de casos.*

- *Qué sentimientos le ha provocado al escucha. Cómo lo está trabajando, qué le ayuda, que le dificulta. (Me proporciona un espacio para la reflexión y mejora de la práctica de la supervisión).*
- *Si le ha aportado elementos prácticos, útiles para seguir con las atenciones a la persona doliente. (Me ayuda a mantener y mejorar la calidad de atención practicada por los escuchas).*

5ª Frase: *Me permite atender y acercar los elementos de cuidados necesarios para el escucha, así como practicar las derivaciones oportunas y necesarias. ¿Qué eco, emociones y sentimientos le provocan la práctica de las escuchas; su dolor y sufrimiento, su desconcierto (dudas), impotencias (bloqueos), momentos de huida (miedos)...* ¿Cómo aborda y gestiona sus desafíos emocionales? Etc.

—Juan Fernando Martínez Moreno
Máster en Duelo y Director del CESC de Huelva

2

Supervisión y *counselling*

Supervisar en grupo es para mí una oportunidad y un reto.

Poder acompañar a otros escuchas y reflexionar de forma conjunta sobre su práctica, es una oportunidad de desarrollo, aprendizaje y enriquecimiento, tanto por las situaciones planteadas como por la retroalimentación del grupo.

Y además es un reto, entendiéndolo como una responsabilidad ante el otro, en actitud de servicio, con humildad y en constante formación y actualización dentro del marco de referencia.

—Luján Gómez Albo
Coordinadora de la Red de Centros de Escucha San Camilo

Oportunidad, reflexión conjunta, reto, responsabilidad. Son palabras que abren el capítulo y suenan a los beneficios que produce la supervisión. En efecto, la supervisión es un proceso interpersonal en el cual participan actores de diferentes niveles de experticia, donde un *counsellor* es reconocido y validado por otro *counselor* supervisor, como asesor y supervisor, quienes realizan un trabajo colaborativo en pos de garantizar un trabajo de acompañamiento competente, dentro del marco profesional, ético y legal de la práctica supervisada de relación de ayuda[1].

1. Cáceres, C. (2012). *En la Ruta de la Supervisión Sistémica*. Jornada Clínica presentada en el Instituto Chileno de Terapia Familiar, noviembre, Santiago de Chile.

En cuanto a la utilidad de la supervisión, algunos trabajos refieren el provecho o beneficio que los supervisados o los supervisores encuentran en la supervisión. En esta categoría se encuentran los efectos evaluados en las habilidades de los supervisados, en su percepción de sí mismos y en los resultados de la relación de ayuda. Dentro del primero, la supervisión permite desarrollar mayor reflexividad y conciencia sobre la vida personal de los supervisados y proporciona apoyo emocional, autoaceptación, autonomía y favorece el crecimiento personal. Los supervisados afianzan sus habilidades y es útil la relación teoría —práctica, particularmente a través de grabaciones de audio, discusión de formulaciones, modelamiento y juego de roles. También se ha encontrado que la supervisión reduce la ansiedad en los *counsellor* y fortalece sus habilidades de relación de ayuda, reciben orientación, facilita la conceptualización de casos, reflexionan sobre la persona del *counsellor*, brinda retroalimentación sobre el desempeño, ayuda a establecer expectativas realistas[2].

Patterson (1964) fue uno de los primeros autores en discutir el proceso de supervisión desde una perspectiva centrada en el cliente. Él llegó a la conclusión de que la supervisión es un proceso de influencia, que no es de enseñanza ni de consulta, pero que incorpora elementos de ambas. Considera que, como todas las buenas relaciones humanas, la supervisión puede ser terapéutica para el supervisado[3].

Los trabajos de Eysenck sobre la eficacia de la ayuda en psicoterapia son conocidos. Su aportación fue cuestionar la eficacia

---

2. Botero-Garcia, C.; Giovanni, I.; Morales, C. (2022). *Supervisión en psicología clínica: una revisión sobre estudios empíricos* 2012-2021, Universitas Psychologica, Pontificia Universidad Javeriana, 21.
3. Fajfar, V. *El espacio de supervisión*, en https://es.scribd.com/document/531841153/El-Espacio-de-Supervision.

en cuanto a que el éxito logrado no superaba el alcanzado con enfermos que no habían recibido tratamiento. Tanto la psicoterapia como el asesor ejercen efectos positivos o negativos en el asesorado. No somos neutrales. Estos efectos no tienen relación ni con la escuela ni con la formación recibida, sino que se derivan de la presencia o ausencia de actitudes del ayudante. Ayudamos en la medida en que desarrollamos actitudes facilitadoras del cambio. Promover un impacto positivo en el otro supone un trabajo del ayudante sobre las actitudes desplegadas no solo en la relación de ayuda, sino como modo de vivir[4].

a. Pericia. Cuando ayudar hace daño

Paradójico, pero una relación de ayuda, o que pretendía ser de ayuda, puede no serlo, ser inútil o incluso perjudicial, tanto para el ayudante como para el ayudado. No solo por intervención inadecuada, sino por los mismos riesgos de la relación y por la misma naturaleza de la condición humana y las características de las relaciones de ayuda.

La tendencia más espontánea en los espacios donde se piensa y se trabaja sobre *counselling* y otras formas de relación de ayuda, es la de dar por descontado que una buena relación de ayuda produce resultados positivos y de mejoría para el ayudado, sin un alto precio personal sobre el ayudante. Esta idea puede reforzar el altruismo y la buena voluntad de ayudantes, pero este puede ser un supuesto necesitado de algún tipo de exploración, contraste y verificación.

Es escasa la conciencia de que el acompañamiento puede no hacer bien, e incluso puede hacer daño a los acompañados, así

4. Marroquin, M. (1980). *La relación de ayuda en Robert Carkhuff*, Mensajero, Bilbao.

como la conciencia crítica sobre la propia efectividad. Es fácil que se considere que tener experiencia es garantía de tener buenos resultados. "Los efectos del terapeuta se han ignorado, o considerado una variable extraña, durante décadas en la investigación en psicoterapia. Sin embargo, del mismo modo que la pericia, en los últimos años ha cobrado interés dentro de la misma comunidad científica como uno de los predictores más importantes de la efectividad de los tratamientos psicológicos"[5].

La relación inútil

En la literatura sobre *counselling*, son conocidos los estudios de Eysenk (mediados del siglo XX), sobre la ineficacia de los tratamientos terapéuticos. Aun reconociendo y criticando los prejuicios y métodos de Eysenk, sus conclusiones han sido preocupantes, en cierto sentido. En realidad, no prueban que la psicoterapia sea inútil. Pero no apoyan la hipótesis de la efectividad de todos los tratamientos. Con o sin tratamiento, los pacientes mejoran en las mismas proporciones, era su conclusión.

También otros autores, como Truax y Carkhuff, han realizado trabajos cuyas conclusiones eran que los efectos de la intervención terapéutica eran similares a los del azar en el vivir normal sin tratamiento, lo que se conoce como "mejoría espontánea".

Contra estos trabajos y conclusiones se han hecho muchas críticas: lo que se mide, la diferencia de los terapeutas, el concepto de mejoría espontánea, el tipo de estudios realizados y su eventual distorsión.

---

5. Prado-Abril, J.; Gimeno-Peón, A.; Inchausti, F.; Sánchez-Reales, S. (2019). "Pericia, efectos del terapeuta y práctica deliberada: el ciclo de la excelencia". En: *Papeles del Psicólogo* 2019, 2, 92.

Más seria es la consideración de Bergin, quien observó que además de haber personas que en el proceso de la relación de ayuda habían mejorado, había otros que habían empeorado. La conclusión era: ¡la psicoterapia puede hacer daño, y de hecho lo hace! La realidad mostrada por los estudios e investigaciones es que el impacto del *counselling* puede tener unas consecuencias positivas o negativas, pero en modo alguno puede considerarse como neutro. El *counselling* es realmente para mejorar o empeorar, como, por otro lado, sucede en todas las relaciones significativas, tal como nos dice Marroquín en su trabajo *La relación de ayuda en Robert R. Carkhuff.*

Como consecuencia de este tipo de investigaciones, Carkhuff insiste en que es necesario identificar bien las variables que facilitan el movimiento positivo y las que contribuyen al deterioro del ayudado. Esto mismo será lo que promueva la búsqueda de las actitudes que mejor contribuyen a que la relación de ayuda sea eficaz, y a que el terapeuta quede reforzado por encima de las técnicas que utilice, puesto que es su persona lo que más influye en los resultados.

La relación dañina

Más conocido es el asunto del daño y el riesgo que las relaciones de ayuda pueden tener para el propio ayudante. El comportamiento prosocial, la actitud empática, tienen un precio, provocan fatiga por compasión y, en casos límites, como es sabido, síndrome de *burn out*, debido al peligro de con-fundirse con el ayudado y sufrir vicariamente. Es difícil, como bromeaba Christina Maslasch, entrar en un bote de pepinillos y no salir con sabor a pepinillo, como lo es también entrar en el mundo del sufrimiento del ayudado y salir indemne.

En ocasiones, por tanto, ayudar al otro, hace daño a uno mismo. Forma parte de "la trampa del mesías", definida por Carman Berry, que lleva también a pensar que "si no lo hago yo, no lo hace nadie", o lleva, en otras ocasiones, a olvidarse de uno mismo por ayudar a otros, o a no pedir ayuda cuando también el ayudante tendría que hacerlo para sí mismo.

Es conocida la enseñanza budista sobre *la trampa del mesías*. Un monje, imbuido de la doctrina budista del amor y la compasión por todos los seres, encontró, en su peregrinar, a una leona herida y hambrienta, tan débil que no podía ni moverse. A su alrededor, leoncitos recién nacidos gemían intentando extraer una gota de leche de sus secos pezones. El monje comprendió perfectamente el dolor, desamparo e impotencia de la leona, no solo por sí misma, sino, sobre todo, por sus cachorros. Entonces, se tendió junto a ella, ofreciéndose a ser devorado y así salvar sus vidas. Esta historia muestra con claridad el riesgo de la implicación excesiva en el sufrimiento ajeno en las relaciones interpersonales.

No son menos importantes las cuestiones éticas vinculadas con el comportamiento prosocial, por ejemplo, en el campo de las motivaciones. En efecto, un *counsellor* puede buscarse más a sí mismo que entrar en dinámica solidaria y altruista, pudiendo generar daño al cliente, de diferente naturaleza, incluida la económica, la dependencia, etc. El círculo virtuoso aparente puede transformarse en un círculo vicioso, no solo en el campo de las motivaciones, sino en numerosas implicaciones operativas y procedimentales de la relación de ayuda.

Daño al ayudado

La situación más grave o severa es aquella que, en contextos de relación de ayuda, genera daño, no tanto por la inexperiencia o falta de pericia del *counsellor*, o por la naturaleza de la relación de ayuda, sino por razones éticas injustificables.

Algunos ayudantes que no tienen experiencia en un campo particularmente delicado (¡hay tantos!: adicciones, suicidio, víctimas de abusos sexuales o de conciencia, *bullying*, duelos muy complejos, problemas espirituales...), tienen, en ocasiones, el deber ético de derivar a expertos para no ser maleficentes con sus ayudados.

Actitudes narcisistas por parte de algunos *counsellors*, o problemas con los equipos de trabajo, pueden generar consecuencias de daño a los clientes, abusando de ellos económicamente o tratándolos con mirada reduccionista o incompleta, por falta de trabajo interdisciplinar.

Estilos culpógenos, moralizantes, excesivamente investigadores o superficialmente interpretativos, estilos directivos o consoladores de "palmadita en la espalda", también pueden generar malestar en el ayudado, al no ser comprendido empáticamente y acompañado en el adecuado empoderamiento, desde la autenticidad de la persona del ayudante.

Con razón, el *counselling* insiste, después de muchas consideraciones sobre la eficacia de la relación de ayuda, en la importancia de las variables actitudinales del ayudante, que se consideran lo fundamental en la relación de ayuda. Es la persona del ayudante la que, después de los recursos del ayudado, se constituye en el elemento terapéutico más importante.

En todo caso, más allá de todos los peros y salvedades a la eficacia y eventuales daños de la relación de ayuda, habrá que reconocer que las personas somos relacionales. Y que pedir ayuda humaniza, y que ofrecerla, libre de motivaciones espurias, humaniza. Somos mejor en relación compasiva que en apatía o soledad. Si es verdad que “hay amores que matan”, también es verdad que sin amor (relación de ayuda), no podemos vivir.

La necesaria pericia

De cuanto dicho hasta aquí se deriva la necesidad imperiosa de pensar en los efectos del *counselling*, de la necesidad de pericia, como requisito para no hacer daño.

La supervisión tiende a identificar las competencias o habilidades del acompañante, su quehacer profesional, su capacidad de aprendizaje, el manejo de los aspectos emocionales, la capacidad crítica de sí mismo, la dimensión ética del propio acompañamiento y de los conflictos que se encuentran en el mismo. Su utilidad permite desarrollar una mayor reflexividad y conciencia sobre la vida personal y profesional del acompañante, proporcionarle apoyo emocional, autoaceptación y confianza en sí mismo, así como favorece el crecimiento personal.

La literatura ha dedicado atención al tema de la pericia, relacionado con la excelencia o *expertise*[6] para subrayar las habilidades de las personas que conocen las evidencias de eficacias de formas concretas de acompañar en el sufrimiento. La pericia evoca la manifestación de los niveles más altos de capacidad, habilidad, competencia profesional y eficacia”[7] en el acompañamiento. Tiene también que ver con el desempeño, el funcionamiento cognitivo, los resultados obtenidos con el

6- Skovnolt, T. M.; Rennestad, M. H.; Jennings, L. (1997). “Searching for Expertise in Counseling, Psychotherapy, and Professional Psychology”. En: *Educational Psychology Review*, 9 361-369, https://doi.org/10.1023/A:1024798723295

7. Revenga, S. y Martin, A. (2019). *Reflexiones sobre la formación en Psicología Clínica: el camino hacia la Pericia*. Clínica Contemporánea, *10, 4* e20. https://doi.org/10.5093/cc2019a19

acompañado, la experiencia, los aspectos personales y relacionales del profesional, las credenciales y el autocuestionamiento.

Es de mucho interés cuestionarse sobre los mecanismos a través de los cuales las personas llegan a adquirir esta pericia, puesto que la experiencia no necesariamente se corresponde con lograr mayor eficacia. Sin duda, la supervisión –junto con otros– es un mecanismo que ayuda a adquirir. No es menos relevante la práctica deliberada o entrenamiento individualizado diseñado especialmente por un profesor para aspectos que se han de repetir para su perfeccionamiento. Asimismo, es de gran utilidad, además de la práctica directa con ayudados, la terapia personal.

¿Puede hacer daño la supervisión?

Hemos comenzado el capítulo hablando de lo beneficiosa que puede ser la supervisión. No es todo ideal. La supervisión puede ser un obstáculo cuando se da una relación autoritaria o invalidante, es decir, cuando se usa mal el poder. También cuando se sobreprotege. Se trataría más bien de contribuir a la reflexión personal y a la autocrítica constructiva. Fernández-Álvarez y Grazioso comparten esta idea y proponen una propiedad protectora: la *humildad*, tanto cultural como relacional e intelectual. Se puede fomentar estando abiertos a recibir autocríticas y *feedback* en general. Los mismos autores revelan que hay poca evidencia de cómo la supervisión mejora los resultados de las intervenciones terapéuticas, siendo los criterios más bien experienciales. Solo hay apreciaciones de que esto es así, pero no estudios concretos, así como no hay suficientes programas de entrenamiento[8].

8. Fernández-Álvarez, H.; Grazioso, M. P. (2023). "Desafíos de la supervisión en psicoterapia [Editorial]". *Revista de Psicoterapia, 34*(126), 1-8. https://doi.org/10.5944/rdp.v34i126.38692.

Santangelo habla del impacto de la supervisión sobre los supervisados como área de investigación en psicoterapia. Los efectos beneficiosos tienen que ver con autoconciencia, conocimiento, adquisición y uso de habilidades, con una mayor autoeficacia, con el fortalecimiento de la relación entre supervisado y paciente, y con la disminución de la ansiedad del profesional, pero también se detectan efectos adversos como cuando se oculta información por parte del supervisado. Además, algunos estudios señalan que la supervisión puede provocar daño psicológico y trauma en el supervisado. Los resultados, por tanto, son contradictorios[9].

Señala C. Botero, con otros autores, que hay cuestiones para tener en cuenta en supervisión como los límites a mantener en las relaciones con los supervisados, teniendo en cuenta que los límites rígidos impiden relaciones emocionales más auténticas. Relacionado con este aspecto, el estilo de apego en la relación entre persona supervisora y supervisada puede predecir qué ocurrirá ante una retroalimentación crítica del supervisor[10].

Los citados autores recogen estudios de las relaciones de poder entre supervisor y supervisado, y apuntan cinco categorías: el poder reside en la experiencia del supervisor; el error del supervisor erosiona su poder; el mal uso del poder provoca la autoconservación; el supervisor demuestra confianza en las habilidades del supervisado y lo empodera; la transparencia del supervisor reduce el poder. Este aspecto del manejo del poder ha de ser profundizado.

---

9. Santangelo, P. R. (2020). "Programa de Formación y Entrenamiento en Psicoterapia: Fundamentos Teóricos e Implementación". *Revista de Psicoterapia, 31*(117), 331-346. doi.org/10.33898/rdp. v31i117.377

10. Botero-Garcia, C, Giovanni, I., Morales Arias, C. (2022). *Supervisión en psicología clínica: Una revisión sobre estudios empíricos 2012-2021.* Universitas Psychologica, 21, 1-19.

Otros aspectos de interés recogidos en la revisión de estudios de Botero-García que nos sugieren ambigüedad respecto a la supervisión son:

- La retroalimentación del supervisor al supervisado puede generar temor y dificultad para alcanzar los objetivos.
- No es concluyente si las características particulares de los supervisores pueden predecir si los clientes harán un cambio positivo o negativo a través de la psicoterapia.

b. La supervisión en el aula

Desde hace más de treinta años nos dedicamos a la formación de *counselling* para profesionales, en el máster en *counselling*, en posgrados de intervención en duelo, en cuidados paliativos, así como en facultades de medicina y enfermería. Hemos hecho una rica experiencia de formación en competencias blandas, esas que permiten a los profesionales manejar con pericia las relaciones, los sentimientos, los conflictos éticos, la diversidad cultural, los valores y los desafíos espirituales.

Hemos podido hacer experiencia de que el análisis de casos, presentados en el aula con la forma de diálogo transcrito, procedente de la realidad, ayuda a los alumnos no solo a aprender, sino también a contrastar su propio estilo relacional y someterlo a una autosupervisión, además de la bondad de cuanto aportan los compañeros y profesores.

No es infrecuente que esta metodología, con su valencia de supervisión enriquecida con ejercicios de identificación del propio estilo relacional, juegos de rol, ejercicios de búsqueda de las intervenciones más empáticas, constituyan para el alumno una experiencia de sanación de sus propias dificultades, una experiencia terapéutica, además de un cambio hacia el estilo empático centrado en la persona.

La atención a las cuestiones de diversidad en la supervisión, podemos decir que es escasa, aunque va en aumento. La influencia de la raza, la etnia, la cultura, el género, la orientación sexual y otras diferencias humanas en el *counselling*[11], son un campo que se aproxima a las cuestiones éticas. No es de menos relevancia el tema de los valores morales y las cuestiones religiosas[12], en particular cuando entre *counsellor* y ayudado hay mucha distancia en los enfoques o la apreciación de la importancia de las categorías espirituales, las costumbres, las tradiciones, las creencias y numerosos aspectos que pueden ser relevantes en el abordaje de los problemas, tanto como elementos que aumenten el sufrir, como también como recursos que empoderen.

La Declaración Universal de Principios Éticos para Psicólogos del 2008 exige conocimiento del contexto social y cultural y un adecuado autoconocimiento de cómo los valores, las experiencias, la cultura y el contexto social propios pueden influir en las acciones e interpretaciones, elecciones y recomendaciones. Este código resalta la importancia de los valores y la moralidad en la toma de decisiones éticas.[13]

---

11. Stoltenberg, D.; Mcneill, B. W.; Crethar, H. C. (1994). "Changes in Supervision as Counselors and Therapists Gain Experience: A Review". En: *Professional Psychology: Research and Practice*, 25, 4, 420.
12. França-Tarragó, O. (2008). *Ética para psicólogos. Introducción a la Psicoética*, Desclée De Brouwer, Bilbao, 6ª ed., 197. Los asuntos que están en juego no son menores, como el recurso o la vivencia del poder de la oración, la confianza en la Providencia, la culpabilidad, la crisis de fe, la obediencia religiosa, la fidelidad, los símbolos, el culto a los santos, el tipo de creencia en los milagros, las dinámicas de sacrificio, las creencias en torno al sufrimiento y a la muerte, etc.
13. Falander, C. A.; Shafranske, E. P. (2020). *Práctica clínica de la supervisión basada en competencias*, GiuntiEos, Madrid, 93.

El tema de la supervisión atañe a muchas profesiones y situaciones. Nosotros nos interesamos por el acompañamiento en el sufrimiento y nos apoyamos en la literatura existente en el campo de la psicología sobre supervisión en psicoterapia, así como en la experiencia adquirida en el Centro de formación en *counselling*, tras varios quinquenios de práctica en acompañamiento, en desarrollo de programas de vario rango (hasta máster) y en supervisión[14].

Entre las técnicas, se encuentran la discusión de casos, la observación de los acompañantes, los juegos de roles, las grabaciones, la retroalimentación, la confrontación, la expresión de los sentimientos del que acompaña, la supervisión de pares...[15]

14. No es de poco interés el trabajo que hacen los psicólogos en el PIR con mecanismos propuestos por el enfoque basado en la pericia. Ver Libro del Residente, Orden SAS/1620/2009.

15. Botero-Garcia, C.; Giovanni, I.; Morales Arias, C. (2022). "Supervisión en psicología clínica: Una revisión sobre estudios empíricos". En: *Universitas Psicológica, 21*, 5. https://doi.org/10.11144/Javeriana.upsy21.spcr. Posibles variables mediadoras de los efectos del terapeuta: Relacionadas con la eficacia de los clínicos: Habilidad para establecer una sólida alianza terapéutica con un amplio rango de pacientes (Del Re et al. 2012; Flückiger et al, 2018). Habilidades interpersonales de facilitación (Anderson et al., 2009; 1016) Dudas sobre el nivel de desempeño (Nissen-Lie et al. 2013, 2017). Práctica Deliberada (Chow et al, 2015). Variables no relacionadas con la eficacia de los clínicos: Mera acumulación de experiencia (Beutler et al, 2004; Chow et al, 2015; Goldberg et al. 2016 Wampold y Brown 2005). Edad y género (Chow et al., 2015; Walpold et al, 2017). Habilidades interpersonales autoevaluadas por el propio clínico (Wampold et al, 2017). Orientación teórica (Norcross y Wampold, 2018). Adherencia a un protocolo y competencia en aspectos específicos de un tratamiento (Webb, DeRubeis y Barber, 2010). Supervisión (Alfonsson, Parling, Spännargârd, Andersson y Lundgren, 2018; Watkins, 2011). Psicoterapia personal (Malikioski-Loizos, 2013). Cfr. Prado-Abril, J.; Gimeno-Peón, A.; Inchausti, F.; Sánchez-Reales, S. (2019). "Pericia, efectos del terapeuta y práctica deliberada: el ciclo de la excelencia", *Papeles del Psicólogo*, 2, 93.

En nuestras aulas, nos parece habernos convencido de que es necesaria una revisión del no directivismo propio de Rogers, si es que lleva a una consideración absolutista de la autonomía de las personas sin considerar que esta es siempre circunstancial, relacional, que evoca la interdependencia, que no es autocracia ni relativismo. Nos parece haber hallado que el camino está en subrayar la importancia de la alianza terapéutica, la confianza entre ayudante y ayudado, la búsqueda deliberativa del bien, con humildad y discernimiento ponderado. En efecto, los estudios cada vez más insisten en que la variable que más influye en la eficacia del acompañamiento terapéutico es *la alianza* que el terapeuta logra crear con su interlocutor. Una relación o alianza abierta, de confianza, de colaboración, empática, genera resultados más positivos.[16] Parece ser que la alianza terapéutica y la persona del *counsellor* influyen mucho más que la modalidad de acompañamiento o tendencia psicológica seguida.

Asistimos a un creciente interés por medir la alianza terapéutica lograda, debido a su importancia en la eficacia de la psicoterapia. Para medirla, se han desarrollado instrumentos para terapeutas, pacientes y observadores. Los más difundidos parecen ser los que realizan los observadores externos, como una forma de supervisión y de retroalimentación a quienes se dejan acompañar para mejorar su potencial de ayuda. Un referente importante es el Inventario de Alianza Terapéutica, WAI-O (*Working Alliance Inventory*), desarrollado por Horvath y Greenberg en 1986[17].

---

16. SKOVHOLT, T. M.; RONNESTAD, M. H.; JENNINGS, L. (1997). "Searching for Expertise in Counseling, Psychotherapy, and Professional Psychology". En: *Educational Psychology Review*, 9, 363.
17. Existen otros, como: *California Psychotherapy Alliance Scales (CALPAS), PennHelpingAlliance Questionnaire (HAq), Vanderbilt Therapeutic Alliace Scale (VTAS)*. El WAI posee tres versiones: para terapeutas, para

c. El modelo de *counselling* y la supervisión en los Centros de Escucha

En la intervención psicoemocional con los demás, el instrumento de ayuda no es otro que la persona misma; su forma de entender y manejar los problemas, las emociones, las actitudes y las propias conductas, se reflejarán con mayor o menor acierto en su forma de afrontar las circunstancias del que tiene enfrente. Es principalmente por esta razón por la que, su cuidado permanente, se hace imprescindible.

No se trata de ser perfecto, sino de ser consciente de las propias imperfecciones para manejarlas objetivamente en la propia sesión, puesto que lo que el propio ayudante no tiene "trabajado" en sí mismo, corre alto riesgo de tratar de ser evitado o incluso sobredimensionado, en el otro.

De esta manera, las supervisiones grupales ofrecen al ayudante el más veraz de los reflejos, llevando a entender desde dónde está interviniendo y con qué finalidad.

El grupo confronta:

- *Proyecciones de carencias (afectivas). "Busco su admiración, su simpatía...".*
- *Evitaciones. "No quise entrar porque me parecía pronto...".*
- *Rigidez de esquemas. Dirigir la experiencia del otro.*
- *Formas sesgadas de entender la situación.*

---

pacientes y una forma observacional (WAI-O). Consta de 36 ítems que miden tres subescalas: vínculo, tareas y metas. Cfr. VÖHRINGER, C.; PÉREZ, J. C.; MARTÍNEZ, C., et al. (2013). "'Working Alliance Inventory', Versión Observacional: Traducción, Adaptación y Validación al Castellano". En: *Terapia psicológica*, 31, 3, Santiago de Chile.

- *Intolerancias propias: "no soporto la inactividad, la queja, la envidia... confronto sin ayudar a manejar.*
- *Inseguridad en el terreno intelectual: Pensar por el otro, "iluminar al otro".*

—Marisa Magaña Loarte
Directora del Centro de Escucha San Camilo en Tres Cantos (Madrid)

El anterior testimonio refleja la potencia de la reflexión y la supervisión grupal que tiene lugar en los Centros de Escucha. En España, tras la fundación del primer Centro de Escucha[18], existe una red de Centros de Escucha, centros de *counselling* que siguen la metodología propuesta en el Centro de Humanización de la Salud de Tres Cantos –Madrid–. Más de un centenar de voluntarios preparados acompañan en una batería de 20 sesiones individuales o de grupo a personas en duelo, pero también en otro tipo de dificultades personales.

La necesaria purificación de las motivaciones

Es sabido que, entre las motivaciones para acompañar, también existen las propias experiencias traumáticas. Que muchos profesionales de la salud y de la psicología eligen su profesión a partir de motivaciones relacionadas con la propia herida personal, es sabido. No son pocos los voluntarios y profesionales que se centran en un campo de intervención –el duelo, por ejemplo– a partir de su propia experiencia de pérdida, haciendo así un proceso resiliente y sacando partido a su estar heridos,

18. Su fundador fue, en 1997, José Carlos Bermejo, Director del Centro de Humanización de la Salud. El Centro presta en 2024 acompañamiento a más de 800 personas, en su mayoría en duelo complicado.

y querer ser sanadores. El punto de partida y garantía ética de profesionalidad en el *counselling* no es la motivación primera que inició la relación, sino la responsabilidad ética del *counsellor*, su madurez humana y profesional sostenida.

Si nos atuviéramos solo a las motivaciones primeras de los profesionales de ayuda, nos quedaríamos con un pequeño grupo de personas genuinamente altruistas, prosociales y vocacionadas, y desecharíamos todos aquellos que, al buscar ayudar, se buscaban también a sí mismos. Son muchos los que buscan sanar la propia herida desde el trabajo de curación proporcionado a los otros. Pero, en el fondo, más allá de la motivación original, la garantía de profesionalidad viene dada por el trabajo continuo de autoevaluación, actualización y supervisión del ayudante.

Autoevaluación del ayudante

Para evitar que se establezca una relación inadecuada, de dependencia quizás, con la persona a la que prestamos ayuda, es importante que el ayudante sea consciente de cuáles son sus propias necesidades, sentimientos y problemas.

Por eso, es necesario que los profesionales de las diferentes formas de relación de ayuda, realicen autoevaluación continua de sus necesidades y emociones, que reflexionen sobre el lugar en que están en cada momento, preguntándose cosas tales como: ¿en qué momentos me siento incómodo con un cliente o un tema en particular?, ¿soy consciente de mis estrategias de evitación?, ¿puedo realmente ser sincero con la persona a la que estoy ayudando?, ¿deseo tenerlo todo bajo control?, ¿me molesto cuando los demás ven las cosas de manera diferente?, ¿me siento como si tuviera que ser omnipotente para que el otro se ponga mejor?,

¿estoy centrado solo en lo negativo?, ¿atiendo como me gustaría ser atendido?, ¿soy realmente ético en la relación de ayuda?

Estas y otras cuestiones pueden contribuir a que el profesional de la ayuda esté en alerta consigo mismo en el campo del sentir, de las motivaciones y de los valores que orientan la intervención y el acompañamiento.

En el Centro de Humanización de la Salud, los alumnos que realizan un máster en *counselling* o un máster en intervención en duelo, tienen que someter al análisis propio (y después del tutor y del grupo), varias entrevistas transcritas literalmente. Se trata de analizar tres cosas con esta metodología: el mundo del ayudado, el tipo de relación mantenida y la experiencia del ayudante, tanto en directo como la evocada con ocasión de la entrevista. Este ejercicio de supervisión del alumno para consigo mismo, se muestra de extrema utilidad, en tanto que la atención se centra no solo en el destinatario de la voluntad de ayudar, sino en el impacto y el eco que la empatía tiene sobre sí mismo.

Supervisión como desarrollo humano

Numerosos tópicos pueden dificultar una relación de ayuda centrada en la persona, si no hay autoevaluación y supervisión.

Efectivamente, hay preguntas sobre la responsabilidad de quien ayuda a otra persona mediante el *counselling*, que no son baladís, aunque suelen plantearse en el contexto de la terapia. "¿De qué son responsables los terapeutas y de qué sus supervisores? ¿Ante quién son responsables sus supervisores? ¿Ante los pacientes? ¿Ante las instituciones? ¿Ante los organismos reguladores del ejercicio profesional?[19]

19. DASKAL, A. M. (2008). *Poniendo la lupa en la supervisión clínica*. En: *Revista argentina de clínica psicológica* XVII, 219.

En las relaciones de ayuda tenemos riesgos. Por ejemplo, es fácil caer en el prejuicio de que es la primera impresión la que cuenta, o en el de la reducción a lo psicológico –efecto de indulgencia ante lo biológico–, o la reducción al autodiagnóstico del ayudado.

Es cierto que los sesgos guían, pero no pueden determinar. Pueden ayudar a utilizar conocimientos que el ayudante tiene, pero han de filtrarse siempre con el criterio de la capacidad de asombro, de la libertad ante lo que vemos y escuchamos, de la progresión en la comprensión del otro a lo largo de la relación.

La supervisión en la intervención de relación de ayuda representa un deber ético del profesional, y constituye un modo no evaluativo, sino de desarrollo de la competencia profesional y del crecimiento humano del *counsellor.* La reflexión profesional continua y la supervisión, es un proceso de desarrollo humano. Motivaciones, sesgos, contratransferencias, evocaciones de los propios problemas fruto del eco de la empatía, heridas no resueltas, dificultades vinculares, sentimientos intensos limitantes, áreas desconocidas por el ayudante a nivel legal, psicológico, ético, cultural, *burnout*... son algunas cuestiones que despachar entre supervisor y *counsellor.*

Algunas asociaciones de *counselling*, como ACHE (Asociación de *Counselling* Humanista de España), efectivamente, contemplan la acreditación de los distintos niveles de competencia, siendo la de supervisor y docente la más elevada. En este trabajo estamos poniendo en duda esta cuestión cuando decimos que no todo *counsellor* tiene como aspiración la supervisión. Sin duda, hemos de seguir investigando y adecuando la teoría a lo que vamos descubriendo con la experiencia.

La supervisión ha de ayudar al ayudante a integrar su vida personal con sus conocimientos y su práctica. No solo es objeto de atención el mundo de las técnicas utilizadas, sino también el impacto de los problemas sobre el ayudante, la madurez en la gestión de las propias dificultades, el reconocimiento del influjo de la herida o sombra sobre la relación, la dimensión ética, la libertad o codependencia, la honradez sostenida en las motivaciones y la solidez de los valores actualizados en la relación.

Podríamos decir que hay una supervisión centrada en el profesional, individual o grupal, una supervisión centrada en el vínculo, una supervisión centrada en la tarea, una especializada por áreas de problemática o incidencias surgidas en la alianza terapéutica.

Tener en cuenta unas y otras, es pensar bien la supervisión. En el fondo, se trata también de un proceso de crecimiento como sanadores heridos.

"El cultivo de la autocompasión del terapeuta puede reducir los procesos cognitivos inútiles como la preocupación, la rumiación y la autocrítica, y aumenta la autorreflexión y la flexibilidad atencional"[20].

d. Supervisión online

Acompañar es un arte. De eso me he dado cuenta especialmente cuando solo he podido hacerlo por teléfono o vía correo electrónico. Las videoconferencias eran otra posibilidad, y bueno, al menos te ves la cara. El tono de la voz, los silencios... es más fácil sin desplazamientos, pero a la vez en tan difícil...

20. Botero-Garcia, C.; Giovanni, I.; Morales Arias, C. (2022). "Supervisión en psicología clínica: Una revisión sobre estudios empíricos". En: *Universitas Psicológica*, 21, 7. https://doi.org/10.11144/Javeriana.upsy21.spcr.

Algunas personas se aclimatan a ello, y creo que, si se puede, en algún momento es un reto enfrentarse a la presencia, con todo lo que ello trae. También porque hay que hacer el esfuerzo de levantarse y salir, cuando a veces no tienes gana nada más que de tirar todo por la borda, o no enfrentarte de cara a algo.

La presencia, cuando es posible, desafía. ¡Qué bien nos viene tener tantos medios! Qué bien, cuando estás hundida, o angustiada, contar con esos momentos en que alguien te espera al otro lado, online, y te ayuda a atravesar el desierto. A mí misma me ha pasado cuando he necesitado una pauta, un desahogo, un acompañamiento en la dificultad. Sin necesidad de que sea directamente, solo un mensaje de voz grabado, o un correo. ¡Hay tantos recursos útiles! ¿Y por qué no ponerlos al servicio de las personas que sufren?

—Rosa Belda
Centro de Escucha de Ciudad Real

La clásica triada rogeriana, las tres actitudes, las imaginamos supervisadas en vivo y en directo con diversas metodologías y en un cara a cara personal o grupal. Pero, tras la pandemia de 2020, especialmente, ha aumentado el uso de las videoconferencias y conexiones online.

¿Qué podemos decir de la comprensión empática con el uso de videoconferencia? ¿Es posible que el *counsellor* manifieste su aceptación positiva incondicional y esté presente con el consultante en su proceso?[21] ¿Es posible lograrlo igualmente para la supervisión?

---

21. Caruso, A., "¿Son aplicables las actitudes y condiciones del Enfoque Centrado en la Persona a la consulta por videoconferencia?", en: https://www.linkedin.com/pulse/son-aplicables-las-actitudes-y-condiciones-del-enfoque-ariela-caruso/ consultado en mayo 2024.

En palabras de Rogers "Ya sea del despacho del terapeuta o de cualquier otra situación interpersonal, una atmósfera no puede ser terapéutica más que si está impregnada de seguridad y calor"[22]. La seguridad permitirá la base de la reorganización psíquica y la tranquilidad emocional que el consultante necesitará para profundizar en su experiencia.

Específicamente la tele-supervisión puede definirse como las interacciones entre supervisores y supervisados mediante la utilización de *Internet* para promover la formación del estudiantado del área de la salud mental. Su uso, puede ser un complemento a la supervisión presencial. Inman et al.[23] reportan en su investigación que los beneficios para los supervisores que participan en la supervisión virtual se podrían agrupar en torno a cinco áreas: exposición a una cultura diversa y entorno de trabajo, flexibilidad, desarrollo del supervisor, impacto positivo en la profesión y mantenerse al día con el campo de trabajo diverso[24].

En todo caso, hay que tener en cuenta los aspectos que inhiben la profundidad del encuentro en la supervisión online. La comunicación vía *internet*, tanto con pacientes como con supervisados, puede generar malentendidos, al perderse datos

22. ROGERS, C. & KINGET, M. (1967). *Psicoterapia y relaciones humanas*. Alfaguara, Madrid, 78.
23. INMAN, A. G.; SOHEILIAN, S. S. y LUU, P. L. (2019b). "Telesupervision: building bridges in a digital era" [Telesupervisión: tendiendo puentes en la era digital]. En: *Journal Clinical Psychology*, 75, 292-301. https://doi.org/10.1002/jclp.22722
24. GUTIÉRREZ, E.; SÁENZ, A.; TENA-SUCK, A.; et al. (2023). "Supervisión virtual de prácticas académicas: las experiencias de supervisores frente al cambio de modalidad por Covid-19", en *Revista de Psicoterapia*, 34/126, 59.

no verbales importantes o que se omita información o que les demande más tiempo a los supervisores[25].

Aunque es aplicable a la supervisión presencial, es particularmente importante reclamar la necesaria humildad cultural, dado que las posibilidades de relacionarnos aumentan entre culturas diferentes[26]. No dejamos afuera de la puerta nuestras identidades como cuerpos raciales, clasificados y de género, cuando nos involucramos en la supervisión: en cambio, nuestras historias personales, experiencias, antecedentes culturales y de clase y lugares sociales, culturales y nacionales permanecen presentes (algunos podrían decir omnipresentes). La cultura, la política y la historia importan en la supervisión[27].

---

25. Dudding, C. C. y Justice, L. M. (2004). "An E-supervision model: videoconferencing as a clinical training tool [Un modelo de E-Supervisión: Videoconferencia como herramienta de entrenamiento clínico]". *Communication Disorders Quarterly, 25*(3), 145–151. https://doi.org/10.1177/15257401040250030501
26. Watkins, C. E. (2023). "Incorporación de la humildad cultural y las pautas de humildad cultural en la relación de supervisión de la psicoterapia: un compromiso y una promesa", en *Revista de psicoterapia, 34*/126, 9.
27. Manathunga, C. (2011). "Moments of transculturation and assimilation: Post-colonial explorations of supervision and culture [Momentos de transculturación y asimilación: exploraciones postcoloniales de supervisión y cultura]". *Innovations in Education and Teaching International, 48*/4, 367-376. doi.org/10.1080 /14703297.2011.617089

3

Prácticas de supervisión

Los estudios más recientes revisan las técnicas que resultan más útiles en la supervisión señalando que la discusión de casos es el método más común entre los usados en supervisión. Otros a tener en cuenta son la observación del quehacer de los terapeutas, los juegos de rol, las grabaciones por parte de la terapia, el uso de la retroalimentación, la confrontación, la conceptualización de casos, el modelaje, y permitir que los supervisados expresen sus sentimientos.

También la supervisión grupal es interesante en cuanto a crear estructuras seguras donde los supervisados se pueden abrir y son animados a seguir sus ideas. Otra modalidad es la supervisión entre pares, sin supervisor. Y, por último, la telesupervisión que se ha empezado a usar la pandemia, cuya efectividad está aún por establecerse[1]. Teniendo en cuenta esta amplia gama de modalidades, presentamos aquellas con las que estamos familiarizadas, en el aula, en los Centro de Escucha y en la supervisión en el ejercicio de las profesiones de ayuda.

---

1. Botero-García, C.; Giovanni, I.; Morales Arias, C. (2022). "Supervisión en psicología clínica: Una revisión sobre estudios empíricos". En: *Universitas Psicológica, 21*, 2. https://doi.org/10.11144/Javeriana.upsy21.spcr

a. La cámara de Gesell

La práctica de la cámara Gesell es la experiencia más gratificante que he tenido en mi historia profesional con el Centro de Humanización de la Salud por distintas razones:

- *Por la experiencia de aprendizaje (la teoría aterriza en la práctica) para ellos y para mí (en su feedbak).*
- *Porque compruebo el bien que podemos hacer desde el counselling. El valor que tiene en el mundo de la ayuda.*
- *Porque compruebo los resultados del proceso de aprendizaje.*
- *Porque me reconozco en mi rol de counsellor, también con mis limitaciones y mis tendencias.*
- *Porque facilito el proceso de reconocimiento de las heridas en los alumnos y las mías propias.*
- *Por el vínculo que se genera en el grupo (entre los alumnos y conmigo como profesora). El grupo se convierte en un grupo de counselling.*

—Felicidad Vicente Pérez
Psicóloga Coordinadora del Máster en Counselling
Centro de Humanización de la Salud–Pere Tarrés

La experiencia que se muestra en este testimonio dice que ser supervisado en el máster en *counselling* en la Cámara de Gesell, en el Centro San Camilo, es una experiencia de crecimiento y desarrollo humano y profesional sin igual. Uno mismo, el ayudado, el supervisor, el grupo, como satélites en torno a un objetivo: hacer bien el bien, ayudar adecuada y oportunamente, actualizando las actitudes y las técnicas propias del *counselling*, haciendo verdad lo que en los libros y las aulas se trabaja de otra manera, también práctica, gracias al uso de casos presentados en forma de diálogos de ayuda.

La formación en *counselling* requiere que el alumno adquiera diversas competencias profesionales que se espera puedan aplicar en su campo profesional[2]. En esta forma de relación de ayuda, que es el *counselling*, es de vital importancia, para los docentes, lograr transmitir habilidades que provienen de la teoría y que puedan ser llevadas a la práctica.

Los usos de la Cámara de Gesell dependen de la finalidad de la actividad que vamos a realizar:

- En la psicoterapia: puede ser parte de la práctica clínica. En la terapia, la evaluación, diagnóstico, tratamiento e intervención de pacientes cuando el psicoterapeuta necesita supervisión.
- En la docencia: muestra a los estudiantes cómo deberían ejercer ante un caso, para que aprendan a intervenir, contando con acompañamiento por parte del docente u otros alumnos.
- En la investigación: estudio de casos clínicos y realización de experimentos, mediante la aplicación de pruebas psicofisiológicas, test y autorregistros.

Charles Fulweiler habría sido el primer psicoterapeuta en utilizar la tecnología de Gesell con fines clínicos alrededor de los años 50. J. Jay Haley reconoce su trabajo y decide llevarlo a Palo Alto donde se encontraba trabajando para el Proyecto Bateson (Halely, 1996). La utilización de la Cámara Gesell se

2. Shirly, K.; Peteta, S. F. (1999). *La cámara Gesell, una herramienta de entrenamiento para terapeutas sistémicos*, Congreso, Memorias, Universidad de Buenos Aires, Facultad de Psicología.

vuelve un instrumento central para la atención y entrenamiento de terapeutas.

La cámara de Gesell es un espacio de co-construcción de conocimiento y reflexión partiendo de la observación directa de casos reales y simulados a través de un espejo unidireccional[3]. No es posible aprender a manejar un auto sin someterse a la práctica; no es posible aprender terapia solo leyendo textos. Ver, registrar, mostrar y compartir con un equipo implica construir conocimiento como una práctica colectiva.

Simulación de casos

La cámara de Gesell es el resultado de un largo periodo de trabajo del psicólogo, pediatra y filósofo estadounidense Arnold Gesell (1888-1961), quien utilizó salas con cristales unidireccionales para poder observar con detalle cómo se desenvuelven los niños, sin invadirles con la presencia. Una sala con cristal unidireccional permite a algunas personas observar desde otra lo que sucede entre ayudante y ayudado.

En primera instancia, la cámara de Gesell tiene como finalidad no molestar a menores o personas muy vulnerables en los procesos de investigación, para ayudarles como víctimas de agresiones, así como para investigar sobre los sospechosos.

En el contexto de la formación en *counselling*, la cámara de Gesell se ha convertido en un recurso privilegiado de supervisión y entrenamiento. El alumno es invitado a mantener una entrevista de ayuda con un compañero, un actor o un usuario real. Con los debidos requisitos éticos, el alumno es observado

3. Shirly, K.; Peteta, S. F. (1999). *La cámara Gesell, una herramienta de entrenamiento para terapeutas sistémicos*, Congreso, Memorias, Universidad de Buenos Aires, Facultad de Psicología.

por el tutor y los compañeros, de modo que estos aprenden de la observación y comentarios del tutor (sin interrumpir la simulación y tras finalizar), pero también se convierten en grupo que chequea y devuelve un *feedbak* a quien intenta practicar las técnicas del *counselling*. En algunos grupos, también los alumnos son invitados a realizar el rol de ayudado en estas simulaciones, presentando libremente un problema real.

El alumno se compromete así, de una manera intensa y profunda con el aprendizaje. Se expone personalmente, reconoce los aciertos y los límites, recibe un refuerzo y confrontación, reconoce los eventuales ecos de la empatía sobre su vida y dificultades personales, se encuentra con las cuestiones más hondas de la fragilidad humana, evidenciadas y reconocidas en la escena.

Sin duda, la experiencia es vivida con ansiedad. Exponerse ante pares, así como ante el supervisor-docente, es, para algunos, intimidante[4].

El tutor y el grupo, en un clima de máxima confianza, invitan al ayudado a reconocer el influjo de lo subjetivo, los sesgos, las propias heridas, invitando a que la propia fragilidad se convierta en oportunidad de fortalecimiento de las actitudes de la autenticidad, la empatía y la consideración positiva.

Desde el momento en que la formación y entrenamiento suponen cambios de conducta, las variables efectivas del *counselling* deben ser aplicadas también en la relación del supervisor con el alumno, naturalmente[5].

---

4. REVENGA, S. y MARTIN, A. (2019). "Reflexiones sobre la formación en Psicología Clínica: el camino hacia la Pericia". En: *Clínica Contemporánea, 10, 14*. https://doi.org/10.5093/cc2019a19.
5. MARROQUIN, M. (1991). *La relación de ayuda en Robert R. Carkhuff*, Mensajero, Bilbao, 247.

Modelado

La adquisición de competencias relacionales, emocionales, éticas y espirituales, tiene un camino privilegiado en el modelado. La enseñanza de la teoría y la explicación de las habilidades, aunque se insista en que son la dimensión conductual de las actitudes, tiene su límite si no hay entrenamiento, visualización. Para desaprender y aprender. Para desterrar estilos espontáneos de reacción y respuesta no empáticos, directivos, investigadores, tendentes a dar soluciones. Para incorporar efectivamente el uso de técnicas.

La observación de lo más adecuado y lo menos adecuado, de la mala praxis y la buena praxis, del uso de intervenciones superficiales y de las realmente centradas en la persona del ayudado, permite integrar un buen modo de acompañar en el sufrimiento.

Para que el supervisor pueda ser considerado como un modelo cuya conducta pueda estar caracterizada por un carácter de refuerzo poderoso, deberá primeramente demostrar que posee algo que el estudiante realmente desea[6].

Valorar al alumno y confrontarlo, en el entrenamiento en *counselling*, es camino hacia el saber hacer propio del *counselling*. Es este un aprendizaje por descubrimiento, un aprendizaje significativo, mayéutico, resultante de la interacción con el tutor y con los pares, con sabor a constructivismo.

Se produce en Gesell una pedagogía de las técnicas que son resultado también de un cierto trabajo terapéutico del alumno sobre sí mismo, sobre sus sombras y áreas limitantes.

---

6. MARROQUIN, M. (1991). *La relación de ayuda en Robert R. Carkhuff*, Mensajero, Bilbao, 240.

En ocasiones, en la misma clase, la experiencia de aprendizaje se convierte en una experiencia terapéutica de grupo en la cual los estudiantes y profesores se comprometen en un proceso interaccional de autoexploración y experiencia[7] que en la cámara de Gesell es evidenciado en términos operativos y de práctica.

¿Dónde estás, y dónde está tu hermano?

Las famosas preguntas con las que arranca el Génesis, en la sabiduría judía: "¿Dónde estás?", "¿dónde está tu hermano?", son esenciales para este ejercicio de supervisión.

Ya no se trata únicamente de un reconocimiento o consideración suficiente de la importancia de cómo se siente cada una de las personas del encuentro, sino también de quiénes somos y cuál es nuestra historia, nuestras motivaciones más hondas, nuestro posicionamiento en la relación de ayuda, nuestro ruido emocional, familiar, valórico, espiritual, al encontrarnos con el otro débil y sufriente.

La metáfora y arquetipo del *sanador herido* deja de ser una interesante provocación reflexiva y se convierten en una constatación tan real como la vida misma. La cuestión sobre dónde está el ayudado y dónde están los suyos, su prójimo o quien ha decidido que sea su prójimo –y no su extraño o su odiado–, da paso también a la aparición de un espejo que también pregunta: "Y tú, *counsellor*, ¿dónde estás?, ¿dónde está tu hermano? Estas preguntas también son para ti". Esto es lo que recuerdan tutor y compañeros de entrenamiento y supervisión al *counsellor.*

Son preguntas potentes, que encuentran su riqueza también en la entrega humilde y responsable de la respuesta a la cuestión

7. TRUAX, C. B.; CARKHUFF, C. (1967). *Toward Effective Counseling and Psychotherapy*, Aldine, Chicago, 256.

sobre "dónde y cómo te veo yo", a partir de la supervisión de la escena producida en la cámara de Gesell, entorno artificial y controlado.

En el libro del Génesis es Dios quien hace estas preguntas. Es como si la voz más íntima llamara a hacer verdad sobre uno mismo, sobre lo más profundo, desde una perspectiva de mirada global, de águila: ¿dónde estás, en el fondo? Además de cómo te sientes ahora (ansioso, interpelado...), o cómo te ves de habilidoso reformulando, validando sentimientos, personalizando o confrontando... Tú, ¿dónde estás? ¿Quién es para ti tu ayudado, cómo le miras, cómo le reconoces realmente "otro", sufriente? ¿Cómo te manejas en su mundo, tierra sagrada, en su sufrir y su anhelar bienestar, sentido, autorrealización?

En el marco de la teoría del aprendizaje social, vicario o por observación de Albert Bandura, no se trata solo de ensayos con reforzamiento (como querría el conductismo), sino de aprovechar el factor cognitivo, valórico y conductual que se dan cita en el ambiente, en las relaciones intensas, cargadas de pasión, que se producen en la cámara de Gesell. El aprendizaje vicario lleva a extraer enseñanzas a partir de la observación de lo que hace el otro y del *feedbak* que el otro recibe.

Nos vemos en la conducta de los demás y constatamos lo que funciona y lo que no funciona. El modelado de cada participante y del tutor, genera cambios positivos por observación e imitación de modelos y desecho de malas praxis. Nos vemos en la piel del alumno que nos precede en el turno de prácticas, en sus lagunas y sus bloqueos y heridas. Y aprendemos.

Pero la cámara de Gesell es también lugar para percibir límites que en el aula pueden no ser captados. "Existen individuos que sencillamente no tienen los recursos necesarios para un papel de ayuda, y lo mejor sería tratar a tales personas como asesorados más que como asesores"[8].

La motivación del aprendiz suele ser muy alta, en gran parte porque percibirse a uno mismo como inadecuado resulta bastante incómodo. Por lo tanto, un fuerte deseo de aprender rápidamente y reducir la gran ansiedad puede ser un gran motivador.[9]

El estilo o la manera en que un supervisor señala o confronta los problemas, puede variar en función del grado de sensibilidad o actitud defensiva por parte del alumno, lo cual requiere habilidades avanzadas del supervisor. En todo caso, es necesario que el supervisor establezca un entorno de supervisión de apoyo en el que no se evite la confrontación. Guiar suavemente a los alumnos hacia el autodescubrimiento personal tiene más impacto que simplemente impartir formación[10].

b. Análisis de casos: verbatim

Uno de los recursos más interesantes utilizados en el Centro de Humanización de la Salud en el máster en *counselling* y en el máster en intervención en duelo, es precisamente el análisis de casos, presentados en forma de diálogo – *verbatim*. Se trata de una metodología heredada de la Clinical Pastoral Education (CPE),

---

8. CARKHUFF, R. (1969). *Helping and Human Relations: A Primer for Lay and Professional Helpers*, Vol. I., Rinehart and Winston, Nueva York, 144-145.
9. MCNEILL, Brian W. (2003). "El Modelo Integrado de Desarrollo de Supervisión Clínica: Investigación y Desarrollo". En: *Revista Electrónica de Psicología Iztacala*; Vol 6, No 2. Recuperado de https://repositorio.unam.mx/contenidos/44625.
10. MCNEILL, Brian W. (2003). "El Modelo Integrado de Desarrollo de Supervisión Clínica: Investigación y Desarrollo". En: *Revista Electrónica de Psicología Iztacala*; Vol 6, No 2. Recuperado de https://repositorio.unam.mx/contenidos/44625.

de Estados Unidos, un proceso de formación y acreditación de los asistentes espirituales, que se hace obligatorio.

Quienes se preparan para acompañar en lo más íntimo de las personas, en el mundo de los enfermos, quienes se preparan para acompañar en procesos de intervención social, u otros campos de aplicación del *counselling*, han de ser supervisados presentando *verbatim*, diálogos mantenidos con ellos durante el tiempo de prácticas o desarrollo de la profesión, en el marco de una alianza de supervisión[11].

CPE, referente de supervisión

El origen de la metodología CPE es el contexto del acompañamiento espiritual en el mundo de la salud, en particular en ámbito protestante. Algunas profesiones han combinado siempre la preparación de sus alumnos buscando el equilibrio entre adquisición de conocimientos y entrenamiento o prácticas. Otras, han carecido más de esta segunda dimensión.

En el inicio de esta metodología propia del CPE encontramos médicos como Wiliam Keller de Cincinnati y C. Cabot, que promovieron encuentros y métodos de supervisión basados en el diálogo sobre la experiencia.

El verdadero precursor de la Educación Pastoral Clínica es Boisen (1936), ministro presbiteriano que, al ser dado de alta de un hospital psiquiátrico, tras varios meses de internamiento, se dedicó a estudiar en profundidad el caso de otros 173 enfermos psicóticos, llegando a la conclusión de que la enfermedad es una oportunidad para resolver los problemas fundamentales

11. Nor Mzlina, G.; Wan Marzuki, W. J.; Rohani, A. T.; Sdek, M. N., "Influence of Supervisees Working Alliance on Supervision Outcomes: A Study in Malaysia Context". En: *International Journal of Socia Science and Humanity, 2016*, 6(1)9-13. https://doi.org/10.7763/IJSSH.2016.V6.609.

de la vida. Nombrado capellán de un hospital de Massachussets inició con cuatro estudiantes un curso combinado en torno a las visitas a los enfermos, con el método de hacer teología desde los documentos vivos que el estudiante encuentra, intentando aprender desde la experiencia.

En 1967, cuatro grupos que seguían metodologías semejantes se unificaron y crearon la Asociación de CPE, regulando los criterios de supervisión, los contratos de aprendizaje y la metodología de presentación de diálogos escritos, insistiendo en la importancia del autoconocimiento y aceptación de uno mismo para el acompañamiento a otros en salud.

La metodología aterriza en España y es implementada en el Centro de Humanización de la Salud. Durante más de 30 años venimos utilizándolo con todos los alumnos que realizan un posgrado en el Centro de Humanización de la Salud, siguiendo una guía de análisis adaptada al aprendizaje del *counselling* como cualificación de profesiones de ayuda sanitarias, sociales, espirituales, educativas y otras.

Análisis de la experiencia

Los diálogos transcritos fielmente, reconstruidos con la memoria, lo más ajustados a la realidad, sirven como materia prima para entrenarse en el análisis de las necesidades, los sentimientos, las dinámicas psicológicas y espirituales, los eventuales problemas éticos, del ayudado.

Pero sirven también como material clínico para entrenarse en el autoanálisis previo a la supervisión, consistente en identificar los estilos de respuesta utilizados en el encuentro. La autoevaluación recobra cada vez más importancia como autocuestionamiento profesional. Algunos estudios muestran que aquellos terapeutas que mostraban altos niveles de autocuestionamiento profesional eran más eficaces[12].

Y, en tercer lugar, el ayudante se pregunta por sí mismo, por lo que ha sentido, el modo como ha gestionado los sentimientos, las propias necesidades, las distracciones o evocaciones de la propia vulnerabilidad, como sanador herido.

El resultado de este trabajo de escudriñamiento de los elementos presentes en un *verbatim*, es sometido a la supervisión del tutor y, en su caso, del grupo de alumnos en proceso formativo, siendo esta una oportunidad excelente de aprendizaje. La reflexión sobre la propia experiencia recibe la categoría de maestra, con tal de contrastarla con el tutor y el grupo que, en un ejercicio de coraje y respeto, confrontan didácticamente al ayudante.

El propósito de esta serie de reuniones es permitir la revisión y crítica constructiva de los casos clínicos/*verbatims* de encuentros reales y frescos. Cada estudiante presenta los casos clínicos siguiendo el formato provisto por el programa. La idea es que en la diversidad de casos se pueda crecer en conocimiento, manejo de habilidades, desarrollo personal e integración de recursos y límites personales. El supervisor provee de las herramientas para mantener la dinámica del grupo.

La experiencia como maestra

Sabemos que "los maestros" en contexto de relación de ayuda, reconocidos como tales por sus pares, son lectores voraces, tienen una vida rica en experiencias que utilizan al servicio de

12. SÁNCHEZ, P.; SERVÁN, I. (2020). "Práctica deliberada de psicoterapia en el programa de psicólogo interno residente español". En: *Revista de Psicoterapia*, *31*/116, 259.

sus pacientes, valoran la complejidad, toleran la ambigüedad, son emocionalmente receptivos y contenedores, gozan de salud mental, se preocupan por cómo su estado emocional puede influir en su trabajo, tienen buenas habilidades sociales, creen en la importancia y la potencia de la alianza terapéutica[13].

Estos programas de formación y supervisión, siguiendo la herencia del reverendo Antón T. Boisen (1936), tienen como su principal libro de texto "los seres humanos", es decir, nosotros mismos y nuestros semejantes en diferentes crisis de la vida.

La reflexión formal sobre estas experiencias críticas nos da la oportunidad de pensar y desarrollar habilidades que nos permitan, de manera efectiva, colaborar en el desarrollo de los seres humanos. Se trata de un proceso dinámico de aprendizaje al "leer" documentos humanos vivientes, ya seamos nosotros mismos u otros, especialmente personas en crisis.

El proceso de formación basado en el análisis de *verbatims* es radicalmente concreto y pragmático. Se preocupa por lo que funciona y no tanto por si las ideas son apropiadas. El alumno descubre que la teoría, la información, las ideas, son útiles solamente como trasfondo del acompañamiento, porque muchos procesos vitales son profundamente difíciles y dolorosos.

El proceso de supervisión se basa en aprender del hacer, y reflexionar sobre el hacer. El corazón del proceso es el grupo, y la clave, el binomio acción-reflexión. El supervisor se aplica con desvelo a fin de crear un clima de confianza y colaboración entre los alumnos, la biografía personal y el modelo de *counselling*. Se promueve la introspección. Trabaja como el artista

13. PRADO-ABRIL, J.; SÁNCHEZ REALES, S.; INCHAUSTI, F. (2017). "En busca de nuestra mejor versión: pericia y excelencia en Psicología Clínica". En: *Sociedad Española para el Estudio de la Ansiedad y el Estrés, SEAS*, 115.

que ayuda a crear la estatua de la personalidad de cada uno, facilitando que el otro elimine aquello que oculta o impide la expresión plena de cada quien.

En cierto sentido, esta forma de autoanálisis y autocuestionamiento como criterio de pericia y excelencia en el acompañamiento, evidencia la humildad y al tiempo el necesario coraje personal que supone someter a evaluación el propio trabajo.[14]

¡Cómo mejoraría la praxis sanitaria, social, de acompañamiento espiritual, educativa, si los profesionales hicieran este tipo de entrenamientos! Porque son muchos los que piensan que, al tener experiencia acumulada, hacen buen uso de la palabra, de la escucha, de la gestualidad, de la proxémica...

Sin embargo, es cierto que muchas personas tienen mucha experiencia, pero cometen siempre los mismos errores. No han dado a la experiencia el estatuto de maestra, no han reflexionado suficientemente sobre ella, no han sido supervisados. Reflexionar sobre la propia experiencia, leer los documentos humanos que emergen de los encuentros, convertirlos en material clínico para la supervisión, constituye un camino privilegiado de crecimiento humano y profesional, y un deber para quienes manejan situaciones difíciles a nivel relacional en el ejercicio de su profesión.

El efecto ensayo

Quizás una de las variables que contribuyen al aprendizaje con estas metodologías de supervisión de *counselling* es el

14. Prado-Abril, J.; Sánchez Reales, S.; Inchausti, F. (2017). "En busca de nuestra mejor versión: pericia y excelencia en Psicología Clínica". En: *Sociedad Española para el Estudio de la Ansiedad y el Estrés, SEAS*, 115.

hecho de que, quien se siente supervisado, presta una particular atención a su conducta, amplía su conciencia y la modifica, también por el mismo hecho de ser supervisado.

El conocido como *Efecto Hawthorne* es un hecho comprobado, por el cual cuando se realiza un estudio, las personas involucradas en el mismo modifican su comportamiento de una manera inconsciente, y cumplen mejor las tareas asignadas, solamente por el hecho de estar incluidas en un estudio y saberse observadas. Este efecto puede enmascarar los resultados de dichos estudios, ya que no podremos saber si existe una mejoría debida al producto experimental o bien por el *Efecto Hawthorne.*

El Efecto Hawthorne es una forma de reactividad psicológica por la que los sujetos de un experimento muestran una modificación en algún aspecto de su conducta como consecuencia del hecho de saber que están siendo estudiados, y no en respuesta a ningún tipo de manipulación contemplada en el estudio experimental.

El término fue creado en 1955 por Elton Mayo cuando analizaba antiguos experimentos realizados entre los años 1924 y 1932 en Hawthorne Works (una fábrica de la Western Electric a las afueras de Chicago). Los experimentos fueron coordinados por Elton Mayo, con la colaboración de Fritz Roethlisberger, la Universidad de Harvard y el ingeniero de la Western Electric, William Dickson. En Hawthorne Works encargaron un estudio para comprobar la posibilidad de aumentar la productividad de sus trabajadores aumentando o disminuyendo las condiciones de iluminación ambiental. La productividad de los trabajadores pareció aumentar en el momento en el que se instauraron los cambios, y no solo se produjo en los casos en los que los niveles de iluminación eran aumentados, sino también en aquellos casos en los que la iluminación se reducía. Al momento de terminar el estudio, los niveles volvieron a los niveles normales. La explicación sugerida fue que la mejora en la productividad no se debió a los cambios operados sobre los niveles de iluminación, sino al efecto motivador que supuso entre los obreros el saber que estaban siendo objeto de estudio.

Mayo mantiene que los resultados obtenidos se deben al hecho de que los trabajadores se sintieron mejor tratados, gracias a la cordialidad y el interés mostrados por los investigadores durante el transcurso del experimento, y argumenta que el objetivo del estudio se centraba en evaluar el efecto global conseguido, y no en realizar análisis individuales sobre cada trabajador.

Ser conscientes de este efecto, es una oportunidad para promover al aprendizaje supervisado, libre de toda forma de manipulación en ninguna de las direcciones. La enseñanza tiene, así, un valor de aprendizaje y de crecimiento humano y de sanación del alumno. "La enseñanza como tratamiento no es algo que haya nacido de la noche a la mañana y casi por generación espontánea. El mismo Carkhuff retrotrae sus orígenes a los comienzos de siglo, cuando Freud introduce lo que hoy ha dado en llamarse "terapia filial"[15].

c. Los grupos Balint

El Dr. Michael Balint, de nacionalidad húngara, y su esposa Enid fundaron una escuela para impartir clases sobre la relación

15. Carkhuff, R. (1971). "Training as a Preferred as Preferred Mode of Teatment". En: *Journal of Counseling Psychology*, 123.

médico-paciente a otros médicos. Posteriormente se creó la Sociedad de Balint, en 1969 para continuar esta actividad que hace hincapié en la importancia de la utilización por parte del personal médico de la emoción y el entendimiento como potencial terapéutico. Balint expresó sus ideas en el libro *El médico, su paciente y la enfermedad.*[16] Algunos de sus libros han alcanzado más de 6 ediciones en español. Balint invita a apreciar el valor psicoterapéutico de la relación del médico, haciendo de sus grupos una experiencia cercana al modelo psicoanalítico de la supervisión. Indaga sobre los fenómenos contratransferenciales del médico, es decir, sus prejuicios, teorías, expectativas, que pueden obstaculizar el encuentro con el paciente.

Los grupos Balint son una forma de dar importancia a la dimensión emocional y relacional de las relaciones profesionales en salud. Aceptan la complejidad de los problemas de los pacientes en la asistencia sanitaria y la relevancia de la entrevista, con sus aspectos psicológicos. Los grupos Balint fueron coordinados inicialmente por el mismo Dr. Balint, entre 1950 y 1970. A su muerte, su esposa Enid, originariamente asistenta social y psicoanalista prosiguió el trabajo durante 40 años y después miles de médicos de cabecera participaron en los grupos formativos que, en último término son psicoterapéuticos o, al menos, de sensibilización[17].

Los grupos Balint entraron en las ciencias biomédicas como aportación de la formación para profesionales asistenciales, particularmente en profesionales de atención primaria en los años

16. BALINT, M. (1961). *El médico, el paciente y la enfermedad,* Libros básicos, Buenos Aires.
17. TIZON, J. L. (1993). "Los grupos de reflexión en la atención primaria de salud. Algunos elementos teóricos y técnicos". En: *Atención Primaria*, 11/7, 361.

ochenta y noventa del siglo XX[18], como expresión de reconocimiento de la importancia de los aspectos psicológicos de la práctica médica. La orientación neoliberal de la asistencia sanitaria y de los campos de la asistencia social, está conllevando una marginación de los componentes relacionales y emocionales. La aportación de Balint suponía un paso de la consideración de las patologías a la atención a las personas enfermas[19].

Algunos "psicólogos y psiquiatras, en tanto que supervisores, convocaron grupos de reflexión y grupos Balint, con maestros, personal de los departamentos de justicia, delegados de atención al menor, etc."[20]

Entre los objetivos de los grupos Balint está el ayudar a percibir los componentes psicológicos de la relación profesional en salud, proporcionar apuntes sobre cómo ayudar relacionalmente, formar psicológica y psicosocialmente y saber identificar situaciones que requieren derivación a psicoterapia. Suelen ser sesiones de una hora y media o dos, en las que los profesionales (originariamente médicos), exponen detalladamente las vicisitudes de una relación asistencial en su variable biológica, psicológica y psicosocial (emociones, temores, dificultades de ambas partes, etc.). El coordinador o supervisor del grupo actúa como uno más, pero moderando. Interviene especialmente para señalar los fenómenos relacionales, haciendo hincapié en la contratransferencia, y aprovechando cuanto dicen los miembros del grupo.

---

18. Tizon, J. L. (2019). "¿Cómo mejorar la perspectiva integrativa de los médicos clínicos?: una revisión acerca de los grupos Balint y los grupos de reflexión". En: *Revista de la Asociación Española de Neuropsiquiatría*, 39/136, 1.
19. Balint, M. (1961). *El médico, el paciente y la enfermedad*, Libros básicos, Madrid.
20. Tizon, J. L. (1993). "Los grupos de reflexión en atención primaria de salud. Su origen". En: *Atención Primaria*, 11/6, 309.

La sesión se organiza externamente como un grupo de trabajo con su dinámica de grupo basada en el intercambio de opiniones, más orientados a comprender que a decidir cómo actuar. Son grupos que difunden esperanza, solidaridad, amor, contención, capacidad de pensar, en los que se participa voluntariamente, con el objetivo de mejorar las capacidades asistenciales, así como ayudar a contener la dimensión emocional. Tradicionalmente comienzan con la pregunta: "¿Quién tiene un caso?"[21].

La discusión no debe derivar en un interrogatorio sin fin del médico que presenta, sino que el resto de los participantes son estimulados a manifestar sus reacciones de forma asimismo espontánea. Hay que empujar al grupo hacia la especulación, que debe ser contrastada en la discusión y hacia pensamientos imaginativos acerca de los sucesos descritos.

El grupo debe utilizar las diferentes experiencias y entendimientos del comportamiento humano de sus participantes que proceden de su vida personal y profesional.

El profesional busca entender su incomodidad o angustia, una explicación que, a su vez, le ayude a entender al consultante y encontrar pautas de actuación a seguir, en clave de afrontar las relaciones de una manera más exitosa y satisfactoria.

El proceso de aprendizaje en el grupo Balint es más directo para el participante que presenta el caso, pero también los otros pueden aprender por un proceso de identificación. El aprendizaje en el grupo refuerza el aprendizaje personal de la propia experiencia, en una atmósfera de gran confianza. Este es un modo de poner en práctica una medicina no centrada en la

21. LOAYSSA, J. R., *Grupos Balint. Funcionamiento, composición y encuadre.* En: www.docTUtor.es

enfermedad, sino centrada en el paciente, como reacción a las deficiencias generadas por un modelo reduccionista. Se promueve la alianza terapéutica que favorezca la salud del paciente, fruto de la interacción entre ambos y de la relación en la que la responsabilidad se comparte[22].

"Hoy día, los grupos Balint forman parte de los programas de formación de médicos de gran parte de los países tecnológicamente desarrollados, pero también en los programas de formación y formación continuada de otros profesores de la asistencia: enfermeras, trabajadores sociales, psicólogos, psiquiatras, personal escolar y de guarderías, personal de servicios sociales y personales, personal de los servicios de justicia"[23].

El objetivo del grupo Balint no es terapéutico en sí sobre el estado emocional del médico, salvo en la medida en que afecta a la relación médico-paciente. Estos grupos ayudan a aumentar la capacidad de reflexión, ser más consciente de nuestras reacciones para comprender mejor la relación con los pacientes y recontextualizar las situaciones planteadas, aumentando la satisfacción personal y previniendo el *burn-out*[24].

Actualmente se están realizando también grupos Balint para promover la reflexión sobre los eventos cotidianos de presión, por parte de los jerárquicos superiores, maltrato psicológico, acoso institucional que no pueden ser asimilados de forma inmediata. Hablar de estos temas permite generar la cohesión grupal para el funcionamiento del equipo de trabajo como un

22. Suárez, M. A. (2012). "Medicina centrada en el paciente". En: *Revista médica La Paz*, 18/1.
23. Tizon, J. L. (2025)."Sobre los Grupos Balint, el movimiento Balint y el cuidado de la relación médico-paciente". En: *Atención Primaria*, 36/8, 453.
24. Vivas, C.; Moreno, M.; Vilariño, B., et al. (2021). "Experiencia de un grupo Balint durante la pandemia COVID". En: *Atención Primaria Elserviers*, 53/10.

todo. El grupo se reúne para pensar sobre la problemática particular que moviliza las emociones y se trabaja con técnicas como "trabajar el aquí y ahora", la "clarificación", la confrontación, el señalamiento, etc.[25]

Hay que decir que los grupos Balint han sufrido una modificación a lo largo del tiempo con relación a los objetivos iniciales propuestos por Balint y los fundadores de la técnica. A pesar de todos los cambios, tanto teóricos como técnicos, parece que sigue existiendo un amplio consenso, tanto en el "movimiento Balint internacional" como en los coordinadores de los grupos Balint, acerca de los elementos fundamentales de los mismos: crear un clima de contención, confianza, esperanza y comunicación mutua en el grupo y, por otro lado, atender específicamente a las emociones del profesional[26].

En el Centro San Camilo, en su parte asistencial de atención en la dependencia y en cuidados paliativos, así como en el Centro de Escucha, la experiencia realizada durante años ha sido multiprofesional, moderada por un psicólogo externo al grupo, experto en docencia en el campo del *counselling* y planteándose como objetivo el cuidado del cuidador. Las sesiones permiten a los participantes drenar su carga emocional y procurarse soporte emocional, adquirir competencias blandas que mejoran la calidad relacional y el bienestar psicológico y espiritual, así como mejorar el abordaje de situaciones difíciles y liberar la absorción de sufrimiento vicario. El siguiente testimonio es esclarecedor:

---

25. *Grupos Balint. Modelo de intervención*, Universidad Nacional Abierta y a Distancia, Colombia.
26. Tizon, J. L. (2020). "¿Cómo mejorar la perspectiva integrativa de los médicos clínicos? Una revisión acerca de los grupos Balint y los grupos de reflexión". En: *Revista de la Asociación Española de Neuropsiquiatría*, 39/136, 5.

Para mí es sumamente importante el poder supervisar con el equipo de profesionales las realidades que viven los residentes y usuarios del Centro San Camilo, con el objetivo de abordar de forma integral y multidimensional los "casos" a los que nos debemos en el cuidar.

La supervisión, en este caso, es plural, en cuanto a las diferentes perspectivas que pueden realizar los profesionales en sus distintos roles (medicina, enfermería, auxiliar, trabajo social, fisioterapia, terapia ocupacional, psicología, atención espiritual, animación, etc.). Permite tener una visión más amplia de las vivencias en lo cotidiano que transitan los residentes y usuarios. Es fundamental no solo supervisar las diferentes estrategias de cuidado que nos proponemos llevar adelante con ellos, sino también realizar un ejercicio introspectivo de nosotros mismos como profesionales en cuanto pueda haber de subjetivo en la toma de decisiones que realizamos en dichos cuidados.

Tanto en las reuniones de equipo más formales, como pueden ser las de "incidencias" o las "interdisciplinarias", como en los encuentros en grupo reducido de ciertos perfiles profesionales, se pone en evidencia cómo aflora la subjetividad misma del profesional en esta toma de decisiones. Es indispensable "saberse pensar y sentir" para que tanto la tarea de discernimiento como la de ejecución de los cuidados sea lo más ajustada a las verdaderas necesidades de la persona mayor como a la funcionalidad en la continuidad de los mismos cuidados. La importancia de poder trabajar teniendo en cuenta la visión del mismo residente o usuario, de sus familiares y del equipo profesional, de forma coordinada bajo una supervisión de lo que se está haciendo como buena o mala práctica en el cuidado de estos tres estamentos.

En el entorno residencial, al contrario del entorno clínico, esta supervisión es mucho más informal en cuanto se concreta a través de dispositivos del trabajo en equipo (reuniones, coordinaciones, etc.), en los que, en muchas ocasiones, no se es consciente que se está supervisando en simultaneo el mismo trabajo de cuidado de los profesionales. Asimismo, la supervisión es una tarea de autocuidado para los mismos profesionales, como estrategia de abordaje de las cuestiones emocionales, de los propios conflictos internos que vive el "cuidador" en el vínculo que establece con el "cuidado". Por ello es tan importante el poder contar con dispositivos como los Grupos Balint de acompañamiento psicoemocional para los profesionales, donde trabajar lo contratransferencial que surge en el vínculo terapéutico que implica todas las tareas de cuidado.

—Pablo Pose
Psicólogo de la Residencia de Mayores San Camilo

En el mismo Centro, en el Centro de Escucha San Camilo, dirigido por la psicóloga Marisa Magaña, y primero de la red de Centros existentes en varios países, los grupos Balint son sesiones diferentes a las de supervisión de la intervención propiamente dicha. Estos grupos tipo Balint, cobran especial relevancia en el desarrollo de la labor voluntaria de atención a personas que sufren. Acompañar el sufrimiento, con frecuencia remueve emocionalmente y, en ocasiones, confronta el propio repertorio actitudinal y de valores. En la búsqueda de herramientas de abordaje, se ponen de manifiesto las propias vulnerabilidades del que trata de sostener. Estos grupos de reflexión cumplen por tanto una función terapéutica, sensibilizando ante el propio bienestar del ayudante y favoreciendo siempre que sea necesaria la contención emocional.

Focalizados principalmente en las relaciones asistenciales, especialmente aquellas que para el profesional o voluntario están resultando conflictivas o revulsivas, los grupos Balint, tienen como objetivo la ayuda mutua, el drenaje emocional, el empoderamiento en situaciones complejas, el logro de la justa distancia (Ricoeur) en las relaciones de ayuda. En alguno de estos Centros de Escucha de la Red San Camilo, este objetivo se logra en las sesiones de equipo, combinando la supervisión de la intervención con el desarrollo del consejero. Se realizan reuniones cada mes, con un número no superior a 10 personas y dieron comienzo cuando los *counsellors* mostraron la afectación personal de la escucha y acompañamiento a personas en duelo complicado.

Los objetivos de estos grupos (Balint y de reflexión), son psicoterapéuticos, o, al menos, de sensibilización y contención emocional, aunque no sea una psicoterapia. Se trata de hacer bien al profesional, de cuidar al cuidador, de velar y supervisar por la calidad de la comunicación, de aprender y entrenar las mejores habilidades de relación de ayuda, de encarnar las actitudes de empatía, aceptación incondicional y autenticidad, gracias a la vivencia saludable de la experiencia del grupo en su tono reflexivo y de mutua ayuda.

d. Supervisión individual

La supervisión es un momento de reflexión para buscar puntos fuertes y aspectos a mejorar. Es un espacio de crecimiento personal, tanto para el supervisor, que refuerza sus conocimientos al tener que aplicarlos desde la metacognición, como para el supervisado que encuentra un espacio de autoconocimiento y de verse reflejado en su labor.

Si la relación entre ambos está bien construida, es un momento buscado y esperado por ambos, por constituir una oportunidad de aprendizaje profundo y significativo.

—Alfonso Octavio Moreno Merino
Director del Centro de Escucha San Camilo de Toledo

Como dice Alfonso O. Moreno, "si la relación está bien construida", añadimos, da frutos. Es un momento de reflexión en el que dos personas buscan juntas. Una trae sus inquietudes. La otra se mueve en el plano más abstracto, lo que permite tomar cierta distancia que no es, en ningún caso, ruptura de la presencia plena. Pero ¿cómo hacer?

Para guiarnos, dice Rodríguez Vega y Fernández Liria[27] que pueden establecerse algunos principios a considerar en cuanto a la forma de dar *feedback* del supervisor. Adaptándolos a nuestra realidad, diremos que es útil:

- Ser explícito, anunciando que se va a resaltar algo significativo.
- Hacer comentarios que señalen que lo que se dice no es la única manera de verlo.
- Animar a ver otras formas de abordaje, abriendo el horizonte con preguntas.
- Parar, dejar silencio, no conducirse de modo impulsivo para dar el *feedback*.
- Ayudar tentativamente con preguntas a que la persona que recibe el *feedback* construya por sí misma, que sea ella la que modifique o cuestione.

---

27. Adaptación de Rodríguez Vega, B.; Fernández Liria, A. (2015) "La supervisión". En: Moreno, A. (Ed.), *Manual de Terapia Sistémica. Principios y herramientas de la intervención*. Desclée De Brouwer, 2ªed. Bilbao, 580.

- Resaltar los aspectos positivos. Equilibrarlos con los aspectos a modificar.
- Sacar conclusiones.
- Pedir *feedback* sobre el supervisor al supervisado.

Reproducimos la siguiente conversación en la que se ponen de manifiesto algunos de estos principios:

C. *Te cuento cómo va el proceso con X y algunas dificultades que veo.*

SV. *Adelante.*

C. *Estamos atascados en la relación con su esposa, ya no es el duelo en sí por la muerte de su hijo, sino que no avanza en la relación.*

SV. *¿Qué es lo que te supone una dificultad de lo que me cuentas?*

C. *Es que sé poco de ese tema, me cuesta situarme ahí.*

SV. *Quieres decir que te faltan conocimientos sobre cómo afrontar las relaciones de pareja...*

C. *Sí, me gustaría leer más, orientarme.*

SV. *Te voy a dar alguna bibliografía (paso a darle 3 libros que le pueden servir). Y, ¿te sugiere algo el detenerte en el tema de las relaciones de pareja?*

C. *No tengo relación de pareja, y es cómo si me sintiera inútil.*

SV. *Parece como si te sintieras interpelada. ¿Es que lo vives como carencia?*

C. *No lo echo de menos, no. Pero me interpela, porque es algo de lo que yo no hablo con nadie.*

SV. *¿Quieres hablar de ello ahora?*

C. *Me basta con saber por qué tengo ese sentimiento de inutilidad, y te agradezco la oferta.*

SV. *Veo que tienes muy buen radar para localizar que en el sentimiento de incomodidad o de no avance hay algo más. Eso es muy positivo para esa consciencia sobre ti misma y consecuentemente ayuda a ayudar, ¿lo ves así?*

C. *Sí que es así. Y me gusta que me lo digas.*

SV. *¿En qué te ha servido en concreto este intercambio nuestro?*

C. *Para tener en cuenta que el atasco viene de algo más que el atasco de X.*

En el análisis de esta conversación entre supervisora y *counsellor* destacamos, como un posible modelo para realizar supervisiones vis a vis que:

- La supervisora pregunta sobre la dificultad abiertamente.
- La supervisora no lo sabe todo, solo (y nada menos que) escucha y da alguna herramienta que conoce.
- La supervisora pregunta por si hay algo más en "el atasco".
- La supervisora no tiene que hacer de terapeuta o psicóloga, más bien señala, "pone encima de la mesa".
- La supervisora se abre a hablar de ello, aunque si hubiera más que trabajar el siguiente paso es posiblemente la derivación a la psicóloga.
- La supervisora refuerza, afianza fortalezas.
- La supervisora pide *feedback*.

Desde una práctica sencilla se exponen los límites de una sesión de supervisión y también las utilidades. A veces estas sesiones son puntuales. Cuando se llevan unas cuantas sesiones de *counselling*, este tipo de supervisión supone un detenerse a pensar, tomar conciencia de lo que nos afecta y retomar el acompañamiento con nueva vitalidad.

Pongamos otro ejemplo:

C. *Acompañando a Y me encuentro en un momento de desasosiego.*

SV. ¿Qué te inquieta?

C. *Veo claramente lo que Y debe hacer, lo que yo haría en su lugar, pero creo que no se lo debo decir.*

SV. *Notas que tienes tendencia a ser más directiva de lo que crees que debes.*

C. *Sí. Pero además es que no veo otras posibilidades. La trayectoria de Y indica que debe tomar una decisión más radical o va a echar la vida a perder.*

SV. *¿Qué te parece si construimos un árbol con todas las posibilidades, como si tú fueras Y?*

C. *Uf, creo que eso me desbloquea a mí.*

SV. *Empecemos...opción A, opción B...opción C, opción D. Comprendo que hay que echarle imaginación.*

C. *Sí, desde luego, pero me parece muy útil. Entiendo que estas no son las opciones que tengo yo que plantear a Y, sino que la metodología puede serle interesante.*

SV. *Quizá también te saca de un lugar en el que estabas quieta.*

C. *Es así.*

SV. *¿Te dice algo esta parálisis en este momento?*

C. *Tal vez es que reflejo lo que vivo yo, o lo que he vivido a la hora de tomar decisiones. Hablarlo me ayuda a que no me estorbe para acompañar.*

SV. *Acompañas con toda la persona, es más que un rol, y eso te hace mejor acompañante, más auténtica... aunque tiene su riesgo.*

C. *Me veo involucrada, me importa que Y sea feliz... Claro, pero no está en mi mano.*

SV. *Si te parece podemos acordar vernos más veces para ver cómo te va...*

C. *Cada 3 sesiones, si te va bien, podemos tener una nosotras y vemos...*

En esta sesión de supervisión, destacamos los siguientes aspectos:

- La supervisora, no juzga, acoge lo que el *counsellor* expone.
- La supervisora no dice lo que hay que hacer, sino que pone en marcha una dinámica en la que el *counsellor* se siente reflejado.
- La supervisora puede nombrar la contratransferencia, aunque ha optado por no poner nombre, tampoco en ir a las causas sino sencillamente aportar una metodología que ayuda a ver y a hacer.
- La supervisora refuerza la actitud de la autenticidad que percibe con fuerza en el *counsellor.*
- La supervisora insinúa, no impone, deja que el *counsellor* saque sus propias conclusiones.
- La supervisora da lugar a una alianza de supervisión que tiene características de continuidad y es una oportunidad para generar vínculo y descarga del *counsellor.*

Podemos apreciar que en este tipo de supervisión individual estamos centrados en la sesión en concreto y sobre todo en el rol del *counsellor* o, mejor dicho, en su persona que actúa holísticamente en el acompañamiento.

Por último, nos fijamos en lo que B. Okun escribe con relación a evaluar estrategias en *counselling*. Evaluar la eficacia terapéutica es difícil, ya que no siempre las estrategias generan cambios observables[28], pero los cambios conductuales pueden ser un elemento a tener en cuenta para ver por dónde seguir. Con la inspiración de Okun, reproducimos la siguiente conversación:

C. *Me gustaría evaluar cómo va el acompañamiento a Y.*

SV. *Si te parece, nombra el objetivo de este acompañamiento.*

C. *El objetivo lo definió Y desde el principio, cuando le pregunté: "¿Qué quieres conseguir con estas sesiones?". Me dijo: "No llorar tanto, no estar tan derrumbada".*

SV. *¿Qué criterios tienes para ver que eso está siendo realidad?*

C. *Ella me dice que no está bien, y volvemos al objetivo y se da cuenta que hace su vida, que no está todo el día en la cama, que se levanta y se pone en marcha.*

SV. *Parece que entonces el objetivo sigue estando en el horizonte y el acompañamiento no está entorpeciendo o está favoreciendo el reajuste en el duelo, ¿es así?*

C. *Eso parece.*

SV. *¿Cómo crees que ha contribuido tu tarea de counsellor a ello?*

---

28. OKUN, B. F. (2000). *Ayudar de forma efectiva. Counseling*. Paidós. Barcelona, 278.

C. *He utilizado las herramientas de counselling, desde luego, desde la escucha, la reformulación, la personalización, la confrontación... sobre todo estas, lo he ido meditando cada vez que acabo una sesión... Creo que poner desde el principio un objetivo ayuda. Y pensar contigo cómo evaluar ese objetivo...*

En este fragmento apreciamos que en *counselling* es interesante definir objetivos. Es útil, por tanto, que en la supervisión individual se remarque la importancia de la alianza terapéutica que conlleva definir un *objetivo* (explícito o implícito), y unos *criterios* para saber cómo va a lograrse este objetivo del acompañamiento. Detenerse cada tres o cuatro sesiones y tomar contacto con la supervisora, ayuda a centrarse en el *qué* del acompañamiento. Y como podemos apreciar, la supervisora nunca olvida recordar el *cómo*, lo que supone seguir centrados en la persona, poner en la persona el foco una y otra vez tal como nos propone el modelo humanista.

4

Supervisión de las actitudes del *counselling*

A diferencia del acompañamiento del *counselling*, en la supervisión el objetivo no es incidir directamente sobre el bienestar del ayudado, sino influir positivamente sobre la capacidad del supervisando para llevar a cabo un acompañamiento eficaz con el consultante, desarrollar la capacidad de observarse tanto a sí mismo como al ayudado.[1]

La no directividad propuesta por Rogers, no quita nada a la importancia en la supervisión. Podría parecer una contradicción: supervisar un modelo no directivo, siendo así que la supervisión tiene un modelo jerárquico. El planteamiento no directivo de Carl Rogers fue una reacción contra la orientación directiva de su tiempo, que usaba métodos autoritarios tales como prohibir, ordenar, aconsejar, interpretar, sugerir, reafirmar y persuadir[2].

1. Moreno, A. I. (2016). *Teoría y práctica de la supervisión. Análisis del discurso de supervisores y psicoterapeutas*, Tesis Doctoral, Universidad de Alcalá, 15, en: chrome-extension://efaidnbmnnnibpcajpcglclefindmkaj/https://ebuah.uah.es/dspace/bitstream/handle/10017/25818/Tesis%20Ana%20Isabel%20Moreno%20P%C3%A9rez.pdf?sequence=1&isAllowed=y
2. Rogers, Carl, citado en: Moreno, A. I. (2016) *Teoría y práctica de la supervisión. Análisis del discurso de supervisores y psicoterapeutas*, Tesis Doctoral, Universidad de Alcalá, 25, en: chrome-extension://efaidnbmnnnibpcajpcglclefindmkaj/https://ebuah.uah.es/dspace/bitstream/handle/10017/25818/Tesis%20Ana%20Isabel%20Moreno%20P%C3%A9rez.pdf?sequence=1&isAllowed=y

Rogers considera que el éxito de la supervisión es ayudar al terapeuta a crecer en autoconfianza, en comprensión de sí mismo y en comprensión del proceso terapéutico. Encuentra fructífero, también, explorar cualquier dificultad que el terapeuta pueda sentir cuando está trabajando con el cliente. Rogers considera la supervisión como una forma modificada de entrevista terapéutica: no hay una clara diferenciación, ya que cree que existe un *continuum*: "Algunas veces pasará que los terapeutas, al discutir los problemas que ellos tienen con un cliente, podrán ver más profundamente dentro de ellos mismos, y esto se acerca a la terapia. Otras veces se centrarán más en los problemas de la relación, y esto es claramente supervisión. En este caso, también yo seguiré la dirección del supervisado. La única diferencia es que yo me sentiría más libre para expresar lo que yo hubiera hecho si yo estuviera tratando con el cliente"[3].

a. Supervisar desde las actitudes rogerianas

En la supervisión deben operar las mismas condiciones facilitadoras que en la práctica del *counselling*.

¿Es posible formular, en términos claramente definibles y medibles, las condiciones psicológicas que son tanto necesarias como suficientes para producir un cambio constructivo en la personalidad? En otras palabras, ¿sabemos con cierta precisión cuáles son los elementos esenciales si ha de aparecer el cambio psicoterapéutico?"[4].

3. MORENO, A. I. (2016). *Teoría y práctica de la supervisión. Análisis del discurso de supervisores y psicoterapeutas*, Tesis Doctoral, Universidad de Alcalá, 15, en: chrome-extension://efaidnbmnnnibpcajpcglclefindmkaj/https://ebuah.uah.es/dspace/bitstream/handle/10017/25818/Tesis%20Ana%20Isabel%20Moreno%20P%C3%A9rez.pdf?sequence=1&isAllowed=y
4. ROGERS, C. (1980). "Condiciones necesarias y suficientes del cambio terapéutico de personalidad". En: J. Lafarga, & J. Gómez (Eds.), *Desarrollo*

Para los supervisores de cualquier orientación teórica, la supervisión tiene un doble propósito: el entrenamiento y el seguimiento del caso. Bernard (1979) define tres focos supervisores: el del consultante, el de la conceptualización referido a la sucesiva y creciente comprensión intelectual del consultante por parte del supervisado; y, en tercer lugar, el de la personalización, referido a las formas en que las actitudes y conductas de los supervisados influyen en su relación con el consultante y con el supervisor[5].

En general, existe la premisa de que, trabajando desde este enfoque, la supervisión debe cumplir y alinearse con la teoría rogeriana, es decir, una confianza en la tendencia actualizante, en este caso del supervisado, y un supervisor que cuente con las actitudes facilitadoras del crecimiento[6]. En la supervisión se trabaja con la situación que plantea el supervisado, no con la experiencia del consultante.

En el modelo humanista del *counselling*, la supervisión debe ocurrir en un ambiente facilitador tal como este enfoque lo concibe, es decir, en un clima de comprensión empática, aprecio positivo e incondicional y congruencia de parte del supervisor[7]. La supervisión abarca, por tanto, el nivel teórico, el de las técnicas y el experiencial que toca las actitudes[8].

---

del potencial humano: aportaciones de una psicología humanista, Vol. 1 (pp. 77-92). México D.F.: Trillas, 1980, 77.

5. Fajfar, V., *El espacio de supervisión*, en https://es.scribd.com/document/531841153/El-Espacio-de-Supervision.
6. López Marín, A., *Supervisión clínica en psicoterapia centrada en la persona*, Holos, Argentina.
7. Lambers, E. (2023). "Supervisión en la terapia centrada en la persona: facilitación de la congruencia". En: D. Mearns y B. Thorne. *La terapia centrada en la persona hoy*, Desclée De Brouwer. *Supervisión clínica en psicoterapia centrada en la persona*. En: https://www.researchgate.net/publication/352361913_Supervision_clinica_en_psicoterapia_centrada_en_la_persona [accessed May 07 2024].
8. Buys, R. (1987). *Supervisão de psicoterapia na abordagem humanista centrada na pessoa*, Editorial Summus.

La supervisión es una forma de intercambio entre dos o más acompañantes, que cumple una función formativa y de entrenamiento, pero también una orientación personal terapéutica para el propio *counsellor*[9].

Carkhuff estableció, en su modelo de destrezas para la relación de ayuda, un modo de poder medir los diferentes niveles de cada una de ellas, de 1 a 5.[10] Este modelo permite, al menos, pensar en que el despliegue de las actitudes admite grados.

La característica principal de la supervisión, desde el enfoque centrado en la persona, es que es un proceso esencialmente relacional e intersubjetivo, donde lo fundamental es la relación interpersonal supervisor-supervisado en la cual el supervisor busca facilitar un clima de empatía, aceptación y congruencia.

b. Supervisar la aceptación incondicional

La supervisión del *counselling* pudiera ser una paradoja en tanto que el modelo en el que pensamos en el marco de Rogers es el modelo no directivo y centrado en la persona. Ahora bien, es bien sabido el límite que tiene el concepto de la no directividad. Desde un punto de vista *intersubjetivo*, no tiene mucho sentido hablar de ser "no-directivo". La intersubjetividad es la filosofía de que los seres humanos solo existen en relación unos con otros; y, si ese es el caso, entonces el simple hecho de estar en la consulta con otra persona tendrá cierta influencia

9. FERNÁNDEZ-ÁLVAREZ, H. (2020). *Supervisión en psicoterapia*. https://apra.org.ar/wpcontent/uploads/2020/10/Supervision-en-Psicoterapia-Fernandez_Alvarez_1.pdf.
10. MARROQUÍN, M. (1995). *La relación de ayuda en Robert R. Carkhuff*, Mensajero, Bilbao.

sobre ellos. Es decir, que nunca podemos no dirigir a otro, en cierta medida[11].

Solemos darle mucha relevancia en el entrenamiento y supervisión en *counselling* al aprendizaje de la reformulación, por cuanto para Rogers constituye la dimensión conductual fundamental, el aparato técnico más relevante de la práctica del *counselling.*

Pero aprender a reformular no es una cuestión meramente técnica. A este respecto, Buber, quien compartiera algunos aspectos con Rogers, lo considera de modo diferente. Sobre el encuentro, afirma: "La confirmación puede malentenderse como algo estático: me encuentro con otro, lo acepto y lo confirmo tal como es ahora. Pero confirmar a una persona *tal como es* representa solo el primer paso, puesto que la confirmación no significa que asumo su apariencia en este momento como la persona que quiero confirmar. Tengo que tomar a la otra persona en su existencia dinámica, en su potencialidad específica. (...) En el presente, yace oculto lo que *puede devenir.* Su potencialidad se me hace sentir como aquello que más confirmaría"[12]. El componente dinámico e impermanente del sujeto y su personalidad

---

11. Aguado, C. (2020). *No directividad: algunas reflexiones críticas.* En: https://www.google.es/search?q=AGUADO+C.%2C+No+directividad%3A+algunas+reflexiones+cr%C3%ADticas%2C+2020.&sca_esv=8137-413b400421e9&source=hp&ei=QcfiZqCCEKX5kdUPj9nxwQk&iflsig=AL9hbdgAAAAAZuLVUegLcBh70rElJXYTCCmvgm9UvLwt&ved=0ahUKEwjgpo7nnb2IAxWlfKQEHY9sPJgQ4dUDCA8&uact=5&oq=AGUADO+C.%2C+No+directividad%3A+algunas+reflexiones+cr%C3%ADticas%2C+2020.&gs_lp=Egdnd3Mtd2l6IkBBR1VBRE8gQy4sIE5vIGRpcmVj-dGl2aWRhZDogYWxndW5hcyByZWZsZXhpb25lcyBjcsOtdGljYXMsIDIwMjAuSABQAFgAcAB4AJABAJgBAKABAKoBALgBA8gBAPgBAvgBAZ-gCAKACAJgDAJIHAKAHAA&sclient=gws-wiz
12. Orange, D. (2009). *Pensar la práctica clínica. Recursos filosóficos para el psicoanálisis contemporáneo y las psicoterapias humanistas.* Cuatro Vientos, Santiago, 31.

es un elemento central de la antropología filosófica que subyace a las propuestas humanistas-existenciales.

La confirmación (la que comporta la reformulación), supone la *aceptación* radical de la persona tal y como deviene en el momento presente, considerando además su proyección hacia el futuro. Y esta aceptación no significa *aprobación*; no se trata de una forma de valoración, sino del acto de constatar en la experiencia que la otra persona es *tal como ahora está siendo*, y en este mismo acto, abrazar la experiencia del otro para poder entrar así en un verdadero encuentro dialógico e inclusivo.

Por tanto, aceptar no es lo mismo que aprobar, en tanto lo que se acepta es la experiencia vivida tal cual es, aunque la conducta sea reprobable desde nuestro marco valorativo. Diversos autores identifican como elemento básico de esta actitud, la capacidad de ver los aspectos positivos del otro, más allá de lo que observamos a primera vista, más allá de sus dificultades[13]. Ahora bien, la supervisión de la aceptación incondicional no puede ser una ingenua actitud romántica que vea solo lo positivo y no confronte las áreas de crecimiento posibles.

Al supervisar el respeto de la autonomía del consultante por parte de la persona supervisada en su actividad de *counselling*, hay que tener en cuenta, en todo caso, que autonomía no es autosuficiencia, ni autarquía. Y que el desarrollo de la autonomía se da siempre en un contexto circunstancial, de manera provisional o temporal, admitiendo, como no puede ser de otra manera, grados, por ser siempre la autonomía de carácter relacional.

13. Martínez, A.; Bermejo, J. C.; Barreto, P. (2024). *Profesionales compasivos. La aceptación incondicional en las relaciones de ayuda*, Desclée De Brouwer, Bilbao.

Kant recordará que el principio de autonomía implica elegir de tal modo que las máximas de elección pudieran ser comprendidas en el mismo querer como ley universal. El respeto de la autonomía implica que las acciones autónomas no deben ser controladas ni limitadas por otros, siempre que sus ideas y acciones no supongan un grave perjuicio para otros.

El supervisor ha de ser una persona que desarrolle sus habilidades de motivar[14] y comunicarse tanto a nivel individual como grupal, resaltando claramente la dimensión positiva de cuanto observa, sin que esto merme su capacidad de confrontación. El supervisor ha de dejar claro con su actitud que busca el bien común de los supervisados y que quiere promover el logro de lo mejor de cada uno de ellos.

"Esta presencia vivencial significa intervenir desde la actitud, no desde la habilidad. La habilidad es una representación, un disfraz que nos ponemos en el momento del acto facilitativo y representamos, teatralmente, para intentar transmitir aquello que creemos más eficaz en la dinámica de la intervención. La actitud, por el contrario, es la intervención desde el sí mismo, con nuestras dificultades y nuestras capacidades, desde la que nos disponemos a acompañar al otro"[15].

Un desafío particular en la supervisión de la aceptación incondicional es acompañar a tomar conciencia de los sesgos. El sesgo es una tendencia, inclinación o prejuicio hacia una realidad o persona. Es un estereotipo que puede tergiversar la comprensión. El sesgo de atribución de razones o motivaciones, el sesgo de confirmación de lo que ya se cree, el sesgo de

14. BERMEJO, J. C. (2023). *Motivación y salud*, Sal Terrae, Santander.
15. BARCELÓ, T. (2012). *Las actitudes básicas Rogerianas*, Miscelánea Comillas, 70/136, 128.

retrospectiva o maldición por no haber controlado, el efecto de Dunning-Kruger que provoca una sobreestima de sí mismo, el efecto halo que idealiza al otro, el sesgo de negatividad que fomenta la mirada sobre las carencias, los sesgos del optimismo y del pesimismo según el humor o la mirada, el sesgo actor-observador que influye en la atribución a algo externo o interno como causante de una conducta, son algunos que influyen en la percepción[16].

Aunque los ayudantes tienen la obligación de mantenerse imparciales ante los ayudados, los sesgos provocan alteraciones en la comprensión. Por eso, es imprescindible alguna forma de supervisión que permita al ayudante ser dueño –consciente en primer lugar–, de los prejuicios y sesgos. También en este sentido hemos de decir que la supervisión en la intervención de relación de ayuda representa un deber ético del profesional, y constituye un modo no evaluativo, sino de desarrollo de la competencia profesional.[17] La reflexión profesional continua y la supervisión, son un proceso de desarrollo humano. Motivaciones, sesgos, contratransferencias, evocaciones de los propios problemas, heridas no resueltas, dificultades vinculares, sentimientos intensos limitantes, áreas desconocidas por el ayudante a nivel legal, psicológico, ético, cultural, *burnout*... son algunas cuestiones para despachar entre supervisor y *counsellor* porque pueden limitar la aceptación incondicional del ayudado.

Es sabido que una parte del potencial de aceptación incondicional del otro en las relaciones de ayuda está en función de

16. Bermejo J. C. (2022). *Humanización y counselling. Algunas cosas nuevas*, Sal Terrae, Santander.
17. Zas Ros, B. 2013(1). *La supervisión psicológica: gestionando la calidad de las relaciones profesionales de ayuda psicológica*, Integración Académica en Psicología, Asociación Latinoamericana para la Formación y la Enseñanza de la Psicología, La Habana, 72.

la capacidad de aceptarse a sí mismo. Esto es campo de trabajo para el supervisor. Pablo, escribiendo a los Corintios, les dice: "Cuando soy débil, entonces soy fuerte" (2 Cor 12,10). Suena paradójico, obviamente.[18] En él, esta inversión de las categorías "débil-fuerte" y la misma metáfora de la debilidad asumida, se encuentra en su marco experiencial de comunión con Jesús. Así, en su debilidad, experimenta la fortaleza de Dios.[19] Pablo valora el tesoro, pero puesto en vasijas de barro (1 Cor 4,7). Y por eso llega a decir "Presumo de mi debilidad, y la fuerza se realiza en la debilidad" (2 Cor 12,7.9).

Al reconocernos débiles en el mundo del acompañamiento en el sufrimiento, vamos construyendo y promoviendo una particular metodología de acceso, generación y transmisión de las posibilidades de ayudar a otros.

La experiencia humana de la vulnerabilidad, de la fragilidad, del trauma y del sufrimiento, en primera persona, se puede convertir en un mundo de recursos y posibilidades. Una visión positiva de la realidad y de lo profano subyace en esta clave[20].

En suma, es oportuno y posible supervisar el desempeño y la actualización de la actitud de la aceptación incondicional, consideración positiva o tendencia actualizante del *counsellor*. En particular, ese aspecto de la actitud que se traduce y se visibiliza en la conducta, se percibe en el encuentro y es susceptible de transformar en *feed back* para el supervisado.

---

18. Bosetti, E. (2008). *Quando sono debole... Paradossale logica paolina*, Camillianum, Roma, 25, 5.
19. Sandrin, L. (2018). *Resiliencia. La fuerza para caminar con el viento en contra*, Sal Terrae, Santander, 143.
20. Bermejo, J. C. (2022). *El sanador herido. Humanizar las relaciones de ayuda*, Desclée De Brouwer, Bilbao.

c. Supervisar la autenticidad

La congruencia coincide con lo que Yontef, siguiendo a Buber, denomina *presencia*. El terapeuta está presente solo en la medida que "respeta lo suficientemente su verdadero sí mismo para conocerlo, mantenerlo mientras practica la inclusión y mostrarlo en vez de aparentar parecer otra cosa. Esta presencia resulta fundamental para el establecimiento de un encuentro dialógico[21].

"Un terapeuta suficientemente íntegro, que es capaz de dejar de lado durante la terapia sus propios valores, un terapeuta que chequea continuamente sus respuestas e intervenciones con la experiencia del cliente, no se arriesgará a meterse a condicionar ciegamente en el sentido manipulativo del término, sino que se situará con firmeza dentro de un proceso de influencia mutuamente deseado, que tiene lugar lo más conscientemente posible y en el que el cliente siempre tiene la última palabra"[22].

Como decíamos en *El sanador herido*[23], muchos profesionales de la salud y de la psicología eligen su profesión a partir de motivaciones relacionadas con la propia herida personal. No son pocos los voluntarios y profesionales que se centran en un campo de intervención –el duelo, por ejemplo– a partir de su propia experiencia de pérdida, haciendo así un proceso resiliente y sacando partida a su estar heridos, y querer ser sanadores.

21. Méndez López, M. (2014). «Carl Rogers y Martin Buber: las actitudes del terapeuta centrado en la persona y la relac*ión 'yo-tú'". En: Apuntes de psicología*, 32/2, 174.

22. Moreno, A. I. (2016). *Teoría y práctica de la supervisión. Análisis del discurso de supervisores y psicoterapeutas,* Tesis Doctoral, Universidad de Alcalá, 31, en: chrome-extension://efaidnbmnnnibpcajpcglclefindmkaj/https://ebuah.uah.es/dspace/bitstream/handle/10017/25818/Tesis%20Ana%20Isabel%20Moreno%20P%C3%A9rez.pdf?sequence=1&isAllowed=y

23. Bermejo, J. C. (2022). *El sanador herido. Humanizar las relaciones de ayuda*, Desclée De Brouwer, Bilbao.

El punto de partida y garantía ética de profesionalidad en el *counselling* no es la primera motivación con la que se empieza, sino la responsabilidad ética del *counsellor* de madurez humana y profesional, sobre la que se trabaja en un desarrollo continuado y supervisado en los procesos de aprendizaje y desarrollo del *counselling*.

Para evitar que se establezca una relación inadecuada, de dependencia quizás, con la persona a la que prestamos ayuda, es importante que el ayudante sea consciente de cuáles son sus propias necesidades, sentimientos y problemas. El supervisor podrá acompañar en el proceso de purificación de las motivaciones.

Por eso, es necesario que los profesionales de las diferentes formas de relación de ayuda realicen autoevaluación y supervisión continua para chequear las propias necesidades y emociones. Se hace necesario supervisar a los *counsellors* sobre el lugar en que están en cada momento, preguntándose cosas tales como: ¿en qué momentos me siento incómodo con un cliente o un tema en particular?, ¿soy consciente de mis estrategias de evitación?, ¿puedo realmente ser sincero con la persona a la que estoy ayudando?, ¿deseo tenerlo todo bajo control?, ¿me molesto cuando los demás ven las cosas de manera diferente?, ¿me siento como si tuviera que ser omnipotente para que el otro se ponga mejor?, ¿estoy centrado solo en lo negativo?, ¿atiendo como me gustaría ser atendido?, ¿soy realmente ético en la relación de ayuda? Estas cuestiones permiten chequear el grado de autenticidad del acompañante y supervisado.

Supervisar la autenticidad requiere acompañar a los profesionales de la relación de ayuda y *counsellors* en el autocuidado, en la autosanación. La expresión "médico, cúrate a ti mismo", parece tener un sentido claro, diáfano. Sin embargo, ha recibido diferentes interpretaciones a lo largo de la historia, todas las cuales resultan pertinentes a la hora de aclarar el tema de la salud física y mental de los profesionales del cuidado en general, y de los profesionales de la salud, de los *counsellors*, en particular. En un contexto teológico, como el lucano, la frase significa "sálvate a ti mismo". En el contexto médico hipocrático, "cúrate a ti mismo". En el filosófico-socrático, "conócete a ti mismo". En el psicoanalítico, "analízate a ti mismo". Y hoy, en el contexto de las profesiones de cuidado, "cuídate a ti mismo"[24].

Ante la sentencia bíblica: "Si un ciego guía a otro ciego, los dos caerán en el mismo hoyo" (Mt 15,14) sería objeto de calibrar, puesto que alguien que tiene integrada su ceguera, que ha hecho de ella oportunidad para desarrollar sus recursos, puede ser experto guía en ciertos espacios para quien necesite una orientación o una ayuda. Esta es la clave de la metáfora del sanador herido: qué tipo de ceguera permite acompañar a otro ciego, qué grado de la misma, qué tipo de persona ciega puede atreverse a ayudar a otro ciego, en qué contexto tiene autoridad y competencia para hacerlo y dónde están los límites.

La versión de Lc 6,39-42, dice así: "¿Acaso puede un ciego guiar a otro ciego? ¿No caerán los dos en el hoyo? Un discípulo no es más que su maestro, si bien, cuando termine su aprendizaje, será como su maestro. ¿Por qué te fijas en la mota que tiene tu hermano en el ojo y no reparas en la viga que llevas en el tuyo? ¿Cómo puedes decirle a tu hermano: "Hermano, déjame que te saque la mota del ojo" sin fijarte en la viga que llevas en el tuyo? ¡Hipócrita! Sácate primero la viga de tu ojo, y entonces verás claro para sacar la mota del ojo de tu hermano." Es decir,

---

24. Gracia Guillén, D. (2004). "Medice, cura te ipsum. Sobre la salud física y mental de los profesionales sanitarios". En: *Labor Hospitalaria*, 274, 90.

el herido puede trabajarse su vulnerabilidad para disponerse a ayudar a otro. Es un desafío ético, un imperativo ético para acompañar como *counsellors*.

Se requieren *counsellors* lúcidos, equilibrados, integrados, competentes en el arte de guiar, sanos. Este mensaje puede relacionarse con las palabras que encontramos en Mt 7,15: Es sensato determinar que está muy relacionado con aquello que se aconseja: "Cuídense de los falsos profetas: se presentan ante ustedes con piel de ovejas, pero por dentro son lobos feroces". El supervisor ha de ayudar a hacer este trabajo de autenticidad de los *counsellors*.

En cuanto a la autorrevelación de sentimientos positivos, parece adecuada cuando tiene que ver con los avances del supervisado o con aspectos personales satisfactorios que este explica. Hay que ir con más cuidado cuando el supervisado o el cliente "caen bien", ya que esto puede conducir a simpatizar (en vez de empatizar), ser más permisivo y/o mostrar demasiada cercanía,[25] bajo la disculpa de estar siendo auténtico.

Tener un interés sincero por las personas y su bienestar es una clave de autenticidad en la relación que ha de ser supervisada. Esto implica no tratar de obtener beneficios personales y no anteponer las propias satisfacciones a las necesidades del cliente. Así pues, hay que evitar, entre otras cuestiones: el *voyeurismo*, es decir, las indagaciones dirigidas básicamente a la satisfacción de la curiosidad personal; el abuso de poder (el poder y la autoridad inherentes al rol de terapeuta no deben usarse con el fin de mostrar la propia superioridad sobre el cliente o influir en las decisiones y valores del paciente más allá de los objetivos

25. Bados, A.; García, E. (2011). *Habilidades terapéuticas*, Facultad de psicología, Universidad de Barcelona, 13.

terapéuticos); la autoterapia o centrarse en aquellos problemas de los pacientes que tienen que ver con dificultades personales del *counsellor* independientemente del impacto que tengan en la vida del cliente[26]. Esto, en el fondo, sirve tanto para el *counsellor* en relación a su ayudado, como para el supervisor con relación con el supervisado.

Concluyendo, supervisar la autenticidad constituye un trabajo de acompañamiento a la madurez del consejero, al trabajo con las propias heridas, a la purificación de las propias motivaciones, a la integración de los límites, al buen manejo de la autorrevelación, a la coherencia ética en la relación con el consultante.

d. Supervisar la empatía

La comprensión empática se mueve entre los que ven en ella una mera técnica que se puede adquirir y, por tanto, supervisar, y los que la ven como actitud y compromiso personal fruto de un comportamiento prosocial y ético-solidario. Es decir, como una actitud compleja puede ser especificada y susceptible de entrenamiento. La posición que defiende que la empatía es una actitud que exige un compromiso, una visión del otro como alguien único y diferente, que puede actuar, sentir y pensar de un modo particular, aparece como factor central.

La variación de las definiciones de empatía reside principalmente en el peso que dan a las diferentes variables que intervienen en el proceso; como son las percepciones, lo cognitivo, lo emocional, lo comportamental, etc. Llegando a la conclusión de que "solo hay acuerdo en que hay desacuerdo".

---

26. BADOS, A.; GARCÍA E. (2011). *Habilidades terapéuticas*, Facultad de psicología, Universidad de Barcelona, 3.

En el marco de la psicología rogeriana, entendemos la empatía como comprensión del mundo personal, experiencial, subjetivo, emocional, del otro, como si uno mismo fuera ese otro. No es menos importante el aspecto racional, que permite mantener "la justa distancia" y manejar hipótesis comprensivas y explicativas de la experiencia ajena en el marco de la alianza terapéutica. El concepto se mueve entre los modelos teóricos que continúan aportando matices[27].

Para Edith Stein, en su tesis sobre *El problema de la empatía*[28] en 1917, la empatía supone acercarse a la esencia de la percepción intuitiva ajena. Define en esta la empatía como prueba de la vivencia del otro, una participación interior en las vivencias ajenas, por la que estamos cerca del otro sin ser "uno" con él, es decir, sin que la empatía se haga "*unipatía*".

En su tesis doctoral sobre la empatía, Edith Stein entendía por empatía la experiencia de la conciencia ajena y de sus vivencias, a diferencia de la experiencia que la propia conciencia hace de sí misma. Stein establece una distinción cualitativa de las conciencias subjetivas basándose en el contenido peculiar de sus corrientes de vivencias.

En la búsqueda de la agudeza empática, que integra la capacidad de escuchar, de captar de manera ajustada el mundo emocional y de responder de manera comprensiva, podemos verificar que es posible el desarrollo, el aprendizaje y, por tanto, la supervisión de los procesos de adquisición de la actitud.

Sea como sea, la empatía tiene componentes o aspectos observables, evaluables, que permiten su supervisión, su aprendizaje, su entrenamiento. Así mismo, la empatía comporta un

27. Miralles, J. (2015). *La empatía en la gestión de las creencias y comportamiento sexistas en adolescentes*, Gabinete Psyco, Zaragoza.
28. Stein, E. (2004). *El problema de la empatía,* Trotta, Madrid.

buen manejo del contagio emocional, (la justa distancia a la que se refería Ricoeur), del que puede hacerse consciencia para promover su manejo responsable y autorizado.

El interior de la persona ajena, su mundo espiritual, se nos da y lo co-aprehendemos de manera privilegiada mediante el concurso de dos expresiones sensitivas en el ser humano: el mirar (los ojos) y el hablar (el lenguaje y la escucha).[29] Ambos aspectos, son observables y evaluables por tutor y pares en sesiones de juego de rol, grabaciones o cámara de Gesell.

En Edith Stein, curiosamente, entre los rasgos que cita, no falta la mención a los ojos, a la mirada. Para quien sabe mirar a los otros, con el color, forma, brillo, medidas... de sus ojos, se le dan a entender a la vez riquezas interiores de hondo calado, tales como el grado de libertad, de satisfacción, de desasosiego, de apertura, etc., de que goza dicha persona. Así nos lo trasmite en su tratado antropológico: "Cuando miro a un hombre a los ojos, su mirada me responde. Me deja penetrar en su interior, o bien me rechaza. Es señor de su alma, y puede abrir y cerrar sus puertas. Puede salir de sí mismo y entrar en las cosas. Cuando dos hombres se miran, están frente a frente un yo y otro yo. Puede tratarse de un encuentro a la puerta o de un encuentro en el interior. Si se trata de un encuentro en el interior, el otro yo es un tú. La mirada del hombre habla. Un 'yo dueño de sí mismo y despierto' me mira desde esos ojos. Solemos decir también: una 'persona libre y espiritual"[30].

---

29. GARCIA E., *La empatía en Edith Stein. Una forma de atención al otro*, chrome-extension://efaidnbmnnnibpcajpcglclefindmkaj/https://cipecar.org/wp-content/uploads/2019/05/fi17603empatia-y-atencion-al-otro-ezequiel.pdf consultado en mayo 2024.
30. STEIN, E. (2005). *Introducción a la filosof*ía, en Obras Completas II. Carmelo. El Carmen-Espiritualidad-Monte. Vitoria-Madrid-Burgos.

Por otro lado, con el paso del tiempo, se están poniendo sobre la mesa también, los malos usos que se pueden hacer de la empatía, para hacer daño. Esto reclama una supervisión de las diferentes actitudes simultáneamente y, en particular, de la dimensión ética de la alianza terapéutica. Singer y Lamm ponen ejemplos de cómo un torturador puede utilizar la empatía para saber cuándo debe aumentar el sufrimiento de su víctima.[31] También en ámbitos competitivos puede utilizarse para ganar con relación al otro. Podríamos decir que una vez que hay una buena dosis de empatía por parte de un profesional de la ayuda, se requiere que la conducta se encauce de manera compasiva.

La compasión comporta un genuino interés por el bienestar del otro, una sensibilidad ante sus necesidades, y una conducta determinada y eficaz de socorro y ayuda. Diríamos que, con empatía sola, podríamos generar el mal. Con empatía y compasión, la conducta se orienta hacia el bien del otro. Sin perjuicio de que esto reporte bien al *counsellor* (satisfacción por compasión)[32]. Por eso, la empatía es una conducta necesaria, pero no suficiente para que surja la compasión y la respuesta ética solidaria positiva.

Anecdóticamente digamos que Rogers murió el 4 de febrero de 1987, un mes después de haber cumplido ochenta y cinco años. El día de su entierro el sacerdote que ofició la misa dijo: "Señor... si nos escuchas como lo hacía nuestro amigo Carl, nos consideraremos bendecidos"[33], a lo cual habría que añadir: si

31. Miralles, J. (2015). *La empatía en la gestión de las creencias y comportamientos sexistas en adolescentes*, en Gabinete Psyco, https://gabinetepsyco.es/project/laempatia/ consultado en mayo 2024.

32. Bermejo, J. C. (2012). *Empatía terapéutica. La compasión del sanador herido*, Desclée De Brouwer, Bilbao.

33. Citado en Barceló, T. (2012). *Las actitudes básicas Rogerianas*, Miscelánea Comillas, 70/136, 128.

nos escuchas empática y compasivamente, solidaria y altruistamente, como lo hacía Rogers, nos bendeciremos unos a otros haciendo el bien, aunque también nos reporte satisfacción por compasión.

En conclusión, es posible supervisar la actitud empática. En primer lugar, se requiere un consenso sobre su concepto, para incluir la importancia de lo cognitivo, lo emocional y lo conductual. La capacidad cognitiva de comprensión habrá de evitar el riesgo de la interpretación. El impacto emocional habrá de ser analizado, verificando el eventual contagio, la justa distancia y necesaria prevención del *burn-out*. La dimensión conductual es observable en directo, grabaciones o transcripciones de diálogos: en particular el grado de escucha, la oportunidad de las respuestas reformulación, el éxito de la personalización y sus subdestrezas.

5

Cuestiones críticas en la supervisión

Si hubiera que nombrar aquello que nos preocupa más en relación el desenvolvimiento del *counsellor*, para todos aquellos que organizamos Centros de Escucha u otros dispositivos de acompañamiento que intervienen desde el *counselling*, sin duda diríamos: lo principal es que el *counsellor* haya trabajado suficientemente el autoconocimiento, identificando los elementos que pueden influenciar la relación de ayuda de manera inconsciente. Ese autoconocimiento consiste en reconocer las cualidades y puntos fuertes, los valores en los que creemos, el marco conceptual del que partimos, pero también trata de darse cuenta de la falta de conocimientos, de las tendencias y los prejuicios, en definitiva, de los puntos débiles en nuestro modo de hacer.

No es suficiente con autoconocerse y poner en práctica lo mejor de cada uno. Es necesario también estar abiertos a ser confrontados, interpelados, corregidos, incluso. De ahí que concedamos una importancia capital a que los *counsellors* se preparen durante un periodo de la vida realizando un curso de experto o máster. No se trata solo de adquirir técnicas, sino de ponerse en juego en un entorno seguro para ejercitar el acompañamiento. Esta formación se continúa con la supervisión individual o en grupo a lo largo del ejercicio de *counselling*.

Dedicamos unas palabras a la calidad ética. Las cuestiones éticas aparecen antes o después en los procesos de *counselling*: conflictos de valores, cuestiones como la confidencialidad, forman parte de la deontología propia del *counselling* en la que hemos de seguir profundizando más allá del presente trabajo.

a. Valores y sesgos en *counselling*

Uno de los temas que afectan a la ayuda y poco tratados en la literatura sobre *counselling* es el manejo del mundo valórico del ayudante. Con frecuencia, en las acciones formativas se insiste en la necesidad de la apertura a los valores diferentes, la importancia de la tolerancia, de la acogida incondicional sin juicio moralizante, de la aceptación de la diferencia. El mundo de los valores es, pues, objeto de estudio y de interiorización en *counselling*.

Es obvio que también el ayudante tiene su escala de valores, su criterio propio. Transmitir los propios valores puede ser tan importante como respetar los ajenos. Los riesgos de la superioridad ilusoria y la consiguiente manipulación y coacción, los vemos a la primera, pero existe el riesgo de una pretendida asepsia valórica, y es evidente que conseguirla no es posible.

Estimar y proponer los propios valores tiene relación con desvelar las contradicciones del ayudado, ayuda en la confrontación. Parece que tener interiorizados referentes éticos fortalece la relación, le da materia para ahondar en ella. Saber de desarrollo personal por experiencia y, por tanto, haberse preguntado por las cuestiones que importan (valores, sentido) da lugar a plantear a la persona acompañada desafíos de cara a afrontar su problemática.

En la técnica de la persuasión, usada más limitadamente en *counselling*, es clave el manejo adecuado de los propios valores. Tal vez el primer reto del *counsellor* es conocer sus propios valores, así como el contexto en el que los mismos se han originado a lo largo de su historia personal. Es precisa la actualización permanente, no es tarea de un día. La vida es evolución. Desde ahí, el *counsellor* podrá sentirse libre y auténtico en la relación de ayuda.

Dice Okun que nuestros valores y opiniones afectan al proceso de ayuda, y si no somos conscientes de ello, pueden convertirse en un obstáculo para nuestro funcionamiento como terapeutas. Hemos de tomar conciencia, conocernos a nosotros mismos, y el efecto que causamos en las personas con las que trabajamos. En cualquier relación interpersonal hay una transmisión directa o indirecta de valores entre las personas que participan en ella. Siendo conscientes, es más fácil que no impongamos los valores propios. Este conocer sirve para entender, aceptar y apreciar las diferencias, pero también para poder manifestar los valores como otra manera de ver las cosas. Se trata de ser auténtico y no juzgar al mismo tiempo[1].

Reproducimos la siguiente entrevista que sirve para plantear la cuestión de los valores y cómo tomar conciencia de ellos:

C. *Me doy cuenta de que las creencias y los valores son importantes. Enseguida que la persona a la que acompaño se plantea cómo seguir, aparece el tema de las cosas que son importantes en su vida.*

SV. *Se llamen valores o no, tiene que ver con ellos, ¿verdad?*

1. OKUN, B. F. (2001). *Ayudar de forma efectiva. Counseling.* Paidós. Barcelona, 338-346.

C. *Sí. Y me hace pensar en mis valores, que me doy cuenta de que han ido cambiando con el tiempo. O, al menos, el contenido de las palabras.*

SV. *¿Qué es lo más importante para ti?*

C. *Sin duda la libertad. Hay otras cosas: el amor y el respeto.*

SV. *Dices que han ido cambiando a lo largo del tiempo...*

C. *Sí... por ejemplo, la libertad, antes era esa ansia por salir de las órdenes de los demás, de mi familia, sobre todo, del sometimiento. Ahora es esa búsqueda interior que tiene más que ver con actuar desde mí, no desde lo que esperan de mí.*

SV. *¿Me pones un ejemplo de cómo sucede esto en tu vida?*

C. *Por ejemplo, ahora digo que "no" cuando no me parece bien la propuesta de hacer horas extras. Antes era impensable para mí, por el qué dirán, sobre todo, más que por el miedo a que me echen.*

SV. *Es una manera concreta de profesar un valor, de hacerlo verdad. Las palabras sin acción son vacías y es un decir por lo que aparentan, ¿qué te parece?*

Como vemos en la conversación, los valores no son solo ideas, sino que orientan la conducta, nos mueven, nos guían en la toma de decisiones. Son metas que precisan de lo práctico. Los valores se van transformando a lo largo de la vida y desde que nacemos, los respiramos[2]. Tienen un componente emocional, ya que nos adscribimos a los ideales desde "las tripas". Tienen que ver con la emoción, provocan sentimientos. El modo de vivirlos conecta con la propia historia, con los encuentros significativos de nuestras vidas. En cada cultura se profesan o

2. Para profundizar más en esta cuestión os proponemos leer BELDA, R. (2015). *Tomar decisiones. Del proceso interior a la práctica ética.* PPC, Madrid, 115-160.

manifiestan de manera diferente. Los significados cambian. Los valores están inmersos en un contexto. Supervisor y *counsellor* se dan cuenta de que forman parte del proceso de *counselling* y que involucran a todos los participantes en el mismo. Hablar de valores o de las cosas que realmente importan, por las que nos movemos, es equivalente.

Sesgos y counselling

Estamos mediatizados por la educación, la cultura, la religión, la familia, el lugar en el que hemos nacido y crecido, la sociedad de la que formamos parte. Etnia, cultura y religión, identidad y orientación sexual, condicionan creencias y valores, y por tanto cómo vemos las cosas, los acontecimientos, y a las personas, cómo leemos e interpretamos la realidad. Desde esta mediatización hablamos de los sesgos cognitivos.

En este sentido, M. Hough nos advierte de que cualquier prejuicio humano o sesgo puede estar presente en el *counsellor* y, si se deja sin examinar, distorsiona la relación de ayuda[3].

Es inevitable sufrir sesgos en la interpretación o realizar atajos cognitivos, por la vía heurística, ya que nos ahorran energía, y así valoramos situaciones y respondemos de manera adaptativa ante otra situación igual que se nos presente. El contrapunto es que esta manera de procesar "rápida" puede entorpecer la comprensión de personas y situaciones. El sesgo se puede definir como una tendencia, inclinación o prejuicio hacia una realidad o persona que puede tergiversar la comprensión de las mismas.

Los sesgos cognitivos son, en definitiva, interpretaciones erróneas sistemáticas de la información disponible en un determinado momento que pueden influenciar la manera de emitir

3. Hough, M. (2011). *Counseling. Teoría y práctica*. Eleftheria. Barcelona, 74.

los juicios y de tomar decisiones. Son distorsiones repetitivas que, si no las tenemos en cuenta, nos harán tomar por realidad lo que solo es una manera estereotipada y rígida de verla.

Algunos de estos sesgos nos sirven para ejemplificar:

- El sesgo de proyección es la tendencia a asumir que los demás comparten los mismos valores que nosotros.
- El sesgo de confirmación por el que tomamos solo la parte de la información que respalda nuestro punto de vista.
- El sesgo de disconformidad, que nos lleva a rechazar lo que nos contradice.
- El sesgo de autoridad, por el que sobreestimamos la opinión de las personas que gobiernan.
- El sesgo optimista, por el que tendemos a pensar que todo saldrá bien.
- El sesgo pesimista, por el que pensamos de antemano que todo saldrá mal.
- El sesgo negativista por el que se fomenta la mirada desde la carencia.
- El sesgo de retrospectiva por el que una vez que se sabe lo que ha ocurrido se modifica el recuerdo de la opinión previa a que ocurrieran los hechos.
- El sesgo llamado efecto de Dunning-Kruger que provoca una sobreestima de sí mismo de personas que tienen poca habilidad o conocimiento.
- El sesgo idealizador o efecto halo que da a otro o a una situación, cualidades que no tiene, predisponiéndole en positivo.
- El sesgo actor-observador que influye en la atribución a algo externo o interno como causante de una conducta.

- La apofenia, que es la tendencia a percibir patrones significativos dentro de los datos aleatorios.
- El anclaje que describe la propensión a confiar en la primera información que se encuentra a la hora de tomar decisiones.

Aunque los terapeutas tenemos la obligación de mantenernos imparciales ante los ayudados, los sesgos provocan alteraciones en la comprensión, sin darnos cuenta. Por eso, es imprescindible alguna forma de supervisión que permita al ayudante ser consciente de los prejuicios y sesgos.

C. *Me doy cuenta de que tiendo a pensar en que todo va a ir bien, es decir, que me sirve para acompañar, pero al mismo tiempo me limita a la hora de ver que no siempre es así, y que hay personas en duelo mucho tiempo, que no remontan.*

SV. *Esto es lo que se llama un sesgo optimista a la hora de evaluar la situación.*

C. *Caer en la cuenta de ello me ayuda, lo primero porque no siempre va bien. Lo segundo porque, si no va bien, tampoco es una catástrofe.*

SV. *Hay variables que siempre se nos escapan...* No *todo lo podemos controlar, es más, no controlamos casi nada, pero hay pensamientos que quizá en un momento nos dan impulso, tal vez pensar así en un primer momento te ayuda a tirar para adelante.*

C. *Entiendo que las ideas preconcebidas a veces sirven, pero claro, catalogan de forma automática todas las situaciones, y eso, al menos, si me paro a pensarlo, me ayuda a tenerlo en cuenta, a ver con más realismo.*

SV. *De eso se trata: de ser consciente de los sesgos cognitivos. Son inevitables, porque el cerebro trata de economizar a la hora de procesar la información...*

Este es el ejemplo de una conversación entre *counsellor* y supervisora, en el que toman en cuenta y nombran los sesgos cognitivos. El hecho de dialogar sobre ellos, de conocer un poco más, no los evita, pero toma en consideración su influencia.

Por último, relacionado con esta cuestión, el *counsellor* siempre ha de plantearse cuestiones como el sexismo, el racismo, la discriminación por motivos de edad o por clase social, o por ideología política, o por creencia religiosa. Puede ser que abiertamente no nos consideremos personas que discriminemos a otras por estas razones, pero sí tenemos predilecciones. Los prejuicios se nos cuelan sutilmente. No somos totalmente imparciales. Es el producto de nuestra socialización. Es más fácil reconocerlos si no nos juzgamos y aceptamos que esta es la materia humana de la que estamos hechos.

b. Transferencia y contratransferencia

La transferencia tiene lugar cuando una persona reacciona ante otra como si esta fuera una tercera, experimentando sentimientos y expectativas, dando lugar a reacciones y comportamientos que tienen que ver con esa otra relación vivida en el pasado. Para hablar de estos fenómenos, nos apoyaremos sobre todo en las reflexiones de C. G. Jung y en la que otros autores han hecho basándose en sus teorías.

Jung dice que, en la práctica de la psicoterapia, todos los casos que precisan de un tratamiento prolongado giran en torno al fenómeno de la transferencia y el éxito o el fracaso de la terapia tiene que ver con este fenómeno. Al mismo tiempo que afirma esto, Jung se desmarca de esta afirmación. Él, al principio, atribuyó un enorme significado a la transferencia, pero con la experiencia descubre que su importancia es relativa. Es un fenómeno crítico, eso sí, que "para unos es medicamento, para otros, veneno, y para los terceros, algo irrelevante". Su presencia es tan significativa como su ausencia[4].

¿Siempre presente y necesaria?

Muchos autores la estudian alegando que la transferencia siempre está presente, primero puede ser una interferencia algo molesta, después un instrumento de gran valor, por último, el principal campo de batalla del tratamiento. La transferencia misma se utiliza para superar la transferencia, ya que es la transferencia amistosa la que sostiene la terapia[5].

M. Hough dice que la transferencia se refiere a la respuesta emocional del cliente al *counsellor.* Es especialmente significativo en el modelo psicodinámico. Tiene que ver con acontecimientos de la infancia. Son sentimientos que se traducen en respuestas al orientador, inadecuadas, no conscientes, que, a veces, sirven para identificar la causa de alguna de las dificultades del cliente. Puede ocurrir en cualquier contexto donde una persona depende de otra para obtener ayuda[6].

Erik de Haan habla de la transferencia como de ese fenómeno por el cual otras relaciones fuera de la sala se reflejan o se copian, inconscientemente, en la relación terapéutica. La escuela

---

4. JUNG, C. G. (2016). *La práctica de la psicoterapia*, Volumen 16. Trotta. Madrid, 159-160.
5. DE HAAN, E. (2023). *Supervisión en acción. Un manual para supervisores.* Formación Alcalá, Alcalá la Real (Jaen), 179-184.
6. HOUGH, M. (2011). *Counseling. Teoría y práctica.* Eleftheria. Barcelona, 73.

de psicoanálisis relacional considera la transferencia como un fenómeno fundamental basándose en que el cambio solo se produce en la relación, lo que lleva a la hipótesis de que el cambio en la reacción transferencial es una condición necesaria y tal vez suficiente para provocar el cambio fuera de la consulta[7].

Para Cabarrús, la transferencia y la contratransferencia son dos fenómenos de la interrelación que se presentan siempre entre acompañante y acompañado. La manera en que se manejen estos dos procesos hace que el acompañamiento sea fuente de crecimiento o de destrucción, lo cual implica una necesaria supervisión[8].

Hough señala que los problemas surgen cuando los sentimientos son de amor, de idealización, de admiración o eróticos, circunstancias en las cuales se pueden producir abusos. Por eso es necesaria la supervisión[9].

La gran importancia de la transferencia para numerosos autores ha dado pie a pensar que es un requisito de la terapia, y hay que exigirla. Pero, dice Jung, no puede ser forzada, solo es uno más de los factores terapéuticos. Transferencia significa proyección, y es un fenómeno que no se puede exigir y que hemos de agradecer que no siempre se haga notar[10].

¿Qué hay detrás de la transferencia?

En la medida que el fenómeno de la transferencia es proyección, produce tanto separación como conexión. Tras ella se

---

7. De Haan, E. (2023). *Supervisión en acción. Un manual para supervisores.* Formación Alcalá, Alcalá la Real, Jaén, 177 y 187.
8. Cabarrús, C. R. (2000). *Cuaderno de Bitácora, para acompañar caminantes. Guía psico-histórico-espiritual.* Desclée De Brouwer, Bilbao, 81.
9. Hough, M. (2011). *Counseling. Teoría y práctica.* Eleftheria. Barcelona, 74.
10. Jung, C. G. (2016). *La práctica de la psicoterapia*, Volumen 16. Trotta. Madrid, 167.

encuentra un factor instintivo muy significativo que tiene que ver con la libido de parentesco, ya que todos los seres humanos deseamos el vínculo. Esto es el núcleo indestructible del fenómeno de la transferencia, pues la relación con el *sí mismo* es al mismo tiempo relación con el prójimo, y nadie puede estar conectado con el prójimo si antes no está conectado consigo mismo[11].

Según Cabarrús la transferencia es el fenómeno de interrelación en el que se vive con una figura presente, circunstancias de la vida de la niñez. Se repite en el presente el modo de relacionarse con padres, hermanos o personas significativas del pasado. Se proyectan figuras parentales y las palabras de amor o de odio que se dijeron o no, siendo un modo de vivir de otra manera experiencias infantiles no concluidas[12].

Todos los autores que hablan de transferencia se refieren a S. Freud como el primero que habla de la transferencia y, como sabemos, establece dos tipos: positiva o amorosa y negativa u hostil. A su vez, la primera puede ser asociada al eros (erótica) o asociada al ágape (amistosa).

En cualquier caso, tiene que ver con esa parte de nosotros de la que no somos conscientes, y con relaciones anteriores y conflictos no resueltos, generalmente acontecidos en la infancia. Salen de nuevo en una relación, en este caso con el *counsellor*, que evoca aquella otra. La idea de fondo es que una y otra vez el ser humano trata de resolver aquello que se quedó ahí, como marca o señal y así va construyendo su personalidad, avanzando en el proceso de ser.

---

11. Jung, C. G. (2016). *La práctica de la psicoterapia*, Volumen 16. Trotta. Madrid, 221-222.
12. Cabarrús, C. R. (2000). *Cuaderno de Bitácora, para acompañar caminantes. Guía psico-histórico-espiritual.* Desclée De Brouwer, Bilbao, 81-82.

Apoyándose en Jung, Cabarrús dice que hay dos tipos de personas que establecen transferencia: la *rebelde infantil* y la *infantil obediente*, siendo esta última la que tiende a mantenerse en un círculo vicioso de repetición, dejando inconclusos los procesos de acompañamiento, mientras que la primera logra dar pasos significativos en su maduración[13].

Para Jung, los contenidos inconscientes se presentan, en primer lugar, proyectados sobre personas y situaciones objetivas. Muchas proyecciones son integradas en el individuo mediante el conocimiento de que le pertenecen, nos damos cuenta de que son subjetivas. Pero otras, no se dejan integrar y se transfieren al terapeuta o a otra figura. Ocurre, por ejemplo, en las relaciones hijo-madre, hija-padre, hermano-hermana. Vuelven a salir los viejos conflictos en los que el cliente quiere comportarse como se comportó o como no se comportó en su momento[14].

Cabarrús dice que la transferencia surge en las relaciones asimétricas, como es la de acompañamiento, en nuestro caso podemos decir de *counselling*, en la que hay una relación desigual de poder. Se puede desencadenar ante algo insignificante como los gestos o la manera de presentarse, o también sencillamente ante el sexo del terapeuta. No se suele presentar en un solo encuentro, sino si hay varios encuentros cercanos[15].

Las transferencias pueden dar lugar al mayor absurdo, dice Jung, igual que todas las proyecciones no comprendidas. Los motivos que subyacen a la transferencia tienen ese aspecto de

---

13. Cabarrús, C. R. (2000). *Cuaderno de Bitácora, para acompañar caminantes. Guía psico-histórico-espiritual.* Desclée De Brouwer, Bilbao, 82-83.
14. Jung, C. G. (2016). *La práctica de la psicoterapia*, Volumen 16. Trotta. Madrid, 165.
15. Cabarrús, C. R. (2000). *Cuaderno de Bitácora, para acompañar caminantes. Guía psico-histórico-espiritual.* Desclée De Brouwer, Bilbao, 83.

sombra que cada persona lleva dentro, lo malo de lo bueno, la debilidad de la fortaleza. Si nos damos cuenta, podemos decidir conscientemente, podemos mirar cara a cara. Si no reconocemos, permaneceremos en lo infantil, y podemos volcar algo que no corresponde en el psicoterapeuta. Por otra parte, sin confrontarse a fondo con otra persona es imposible desprenderse de las proyecciones infantiles. Cuando la persona se vuelve más consciente, sale a la luz el ser humano real[16]. Esta es la utilidad de la transferencia. Trabajar con ella es una ayuda para conocerse mejor, para desvelar cómo funciona nuestra personalidad.

¿Qué es la contratransferencia?

La contratransferencia se produce cuando el *counsellor* desplaza sentimientos del pasado a una situación presente con el cliente o acompañado. Es la respuesta emocional del *counsellor* al cliente, tomándose como algo personal la transferencia del cliente, y comenzando así un diálogo paralelo. En lugar de detenerse en las causas de que el cliente le admire en exceso, o se enfade con el *counsellor* de modo inapropiado, cae en la trampa de no ver lo que hay detrás de esta respuesta inadecuada del cliente.

Analizando lo que los diferentes autores estudian y contrastándolo con nuestra experiencia, la contratransferencia es más frecuente cuando el *counsellor* no tiene satisfechas las necesidades básicas de todo ser humano, en su vida personal. Igualmente, si el *counsellor* no trabaja el autoconocimiento, puede dejarse llevar inconscientemente por sus tendencias. Pongamos algunos ejemplos:

16. Jung, C. G. (2016). *La práctica de la psicoterapia*, Volumen 16. Trotta. Madrid, 207-208.

- Considerar al acompañado como víctima o como persona incapaz, lleva al *counsellor* a dar consejos o a moralizar, lo que habla de la necesidad de tener el control e incluso de imponer el criterio propio.
- Cuando el *counsellor* no manifiesta su opinión en ningún momento o no confronta, o alarga el tiempo de acompañamiento, puede ser debido al miedo a perder su imagen ante el acompañado, o a perder al acompañado, lo que puede referirse a la necesidad insatisfecha de compañía del *counsellor.*
- Cuando el *counsellor* proporciona demasiadas confrontaciones didácticas, tal vez está presumiendo de sus conocimientos y tratando de satisfacer inadecuadamente su necesidad de reconocimiento.
- Si el *counsellor* pregunta a menudo sobre si el acompañamiento sirve al acompañado, puede ser una señal de la necesidad de seguridad no resuelta de otra manera.

Toda transferencia puede implicar una contratransferencia, pero no es solo respuesta a la transferencia. Puede surgir como reacción, pero también como expresión de las propias necesidades o demandas de quien acompaña, y esto último es lo más típico. Para Cabarrús, el "mecanismo de contratransferencia es como un vampiro ante un anémico: si no reconozco que soy vampiro –herida insaciable, necesidades no satisfechas–, le quito sangre a un anémico ¡y lo mato!"[17].

Para Jung, existe el aspecto erótico o sexual de la transferencia, pero también la voluntad de poder, y a veces, ambas mezcladas, sin que se pueda saber cuál predomina. Aplicándolo

17. Cabarrús, C. R. (2000). *Cuaderno de Bitácora, para acompañar caminantes. Guía psico-histórico-espiritual.* Desclée De Brouwer, Bilbao, 90.

al *counselling*, diremos que la fascinación que puede sentir el acompañado no solo le atrapa a él, sino que tiene un efecto sobre el inconsciente del *counsellor.* Como *counsellors,* tratamos de acercarnos a la persona que sufre y quedamos expuestos a los contenidos de su inconsciente proyectados sobre nosotros. "El caso empieza a ocuparle", dirá Jung. Se activa también el contenido inconsciente del *counsellor*, con lo que se encuentran en una relación basada en el inconsciente común, resistiéndose a veces a estar implicado y escondiéndose en su rol. Presuponemos que es el *counsellor* el que tiene la mejor posibilidad de hacerse consciente de los contenidos constelados (ambos inconscientes), porque si no, ambas partes quedarían atrapadas en la inconsciencia[18].

Jung nos advierte de que no se conocerá completamente lo inconsciente, pues lo consciente es "el círculo menor dentro del círculo mayor, la isla rodeada por el océano y como el mar, produce una cantidad de seres vivos que no podemos controlar". La idea es que al menos no estorbe a la terapia. Es una ocupación que pide una activación total del acompañado, pero también del *counsellor*[19].

Pautas de abordaje

No es sencillo reconocer este fenómeno. Los *counsellors* podemos caer en los dos extremos: considerar que todo es transferencia y contratransferencia, o no considerar en absoluto estas distorsiones en la relación de ayuda. Tal vez la propuesta más saludable es la de reconocer que existen y abordar con humildad

18. Jung, C. G. (2016). *La práctica de la psicoterapia*, Volumen 16. Trotta. Madrid, 169-170.
19. Jung, C. G. (2016). *La práctica de la psicoterapia*, Volumen 16. Trotta. Madri, 171-172.

su problemática sin extralimitarnos y tratando de aprender y mejorar el proceso de *counselling*.

Siguiendo a Okun, se trata de que seamos conscientes de nuestras necesidades, sentimientos y problemas. Esto ayuda a no establecer relaciones de dependencia y anima a que las personas tomen la responsabilidad de su vida. Okun propone estas preguntas:

1. ¿Me doy cuenta de los momentos en que me siento incómodo con un cliente o tema en particular?
2. ¿Soy consciente de mis propias estrategias de evitación?
3. ¿Puedo ser realmente sincero con la persona a la que estoy ayudando?
4. ¿Tengo siempre la sensación de que debo tener la situación bajo control?
5. ¿Me molesto cuando los demás no ven las cosas de la misma manera que yo, o cuando mis clientes no responden tal como yo creo que deberían hacerlo?
6. ¿Me siento a menudo como si tuviera que ser omnipotente, como si debiera hacer algo para que mi cliente se ponga mejor y así mantener una relación exitosa con él?
7. ¿Estoy tan orientado hacia a los problemas que siempre busco lo negativo, el problema, y nunca respondo ante lo positivo, ante lo bueno?
8. ¿Soy capaz de ser tan abierto con mis clientes como me gustaría que ellos lo fueran conmigo?[20]

Deducimos, a través de estas preguntas, que el primer paso es *atender a "las señales"* de que, en una relación, transferencia y/o contratransferencia están suponiendo una dificultad.

20. OKUN, B. F. (2001). *Ayudar de forma efectiva. Counseling*. Paidós. Barcelona, 72-74.

¿Cuáles son algunas de estas señales?

- Si en la relación de ayuda se producen discusiones.
- Si solo veo los fallos de la persona acompañada y no los logros.
- Si cambio de tema cuando el acompañado habla de sexualidad u otro tema que me supone tensión.
- Cuando percibo que la persona acompañada está más preocupada por mí (*counsellor*) que por su propio proceso personal.
- Si me cuesta trabajo confrontar y me inquieto mucho por cómo habrá recibido el acompañado tal o cual intervención.
- Cuando percibo que me embarga la emoción (negativa o positiva) por ir al encuentro del acompañado.
- Si cuido demasiado o descuido completamente los detalles del acompañamiento.
- Cuando más allá de la necesaria reflexión sobre el encuentro, doy vueltas y sigo pensando en el acompañado a todas horas.
- Si no puedo manejar el impulso de abrazar al acompañado o veo que el acompañado actúa así.
- Cuando al acompañado se le olvidan las citas o las pospone, o no trabaja lo que acordado.
- Si acabo antes de lo pactado o prolongo las sesiones de acompañamiento más allá de lo acordado.
- Cuando espero el reconocimiento constante por parte del acompañado o el acompañado hace lo propio relatando solo los logros.

- Si el acompañado se muestra resistente a cualquier sugerencia o comentario.
- Cuando asumo tareas que debe hacer el acompañado, como si fueran mías, para facilitarle o fidelizarle.

El segundo paso es *admitir que sucede "algo"* que entorpece la relación de ayuda o no es adecuado, aceptar el fenómeno y verbalizarlo, en general, con ayuda de otra persona o grupo (supervisión). Se trata de nombrar lo que está resultando problemático en la relación, identificando los sentimientos y percepciones, y tratando de descubrir hasta donde sea posible la transferencia y/o contratransferencia que están teniendo lugar.

El tercer paso es *actuar en consecuencia*. Para ello, primero tenemos en cuenta lo que dice Hann respecto a las resistencias, sugiriendo que no hay que combatirlas con la persuasión. No hay que empequeñecerlas o menospreciarlas, sino tomarlas en serio como mecanismos de protección de vital importancia frente a contenidos que son difíciles de dominar. Hay que seguir afianzando el punto de vista consciente hasta que el paciente pueda asumir lo reprimido. Si lo inconsciente no se impone, es mejor dejarlo en paz. Es decir, se analiza la transferencia cuando el obstáculo que la consciencia pone a lo consciente se viene abajo[21].

Con ello, caemos en la cuenta de lo delicado que es el manejo del fenómeno transferencial. Tal vez, cuando nos damos cuenta de ello, hay que ver cómo lo está resolviendo la persona acompañada, no precipitarnos. Esperar a que la persona asuma lo que le pasa, y si vemos que esto entorpece realmente

21. DE HAAN, E. (2023). *Supervisión en acción. Un manual para supervisores*. Formación Alcalá, 178-179.

la ayuda, entonces, sacarlo a la luz, en la medida de nuestras posibilidades.

Habrán de tenerse en cuenta los presupuestos éticos del *counselling*, es decir, allí donde la relación de ayuda deja de ser tal para convertirse en otro tipo de relación, hemos de actuar poniendo punto final y/o derivando a otro profesional. En cualquier caso, compartir con otra persona que hace de supervisora o con un grupo ayuda a ver con mejor perspectiva, a poner nombre, si se puede y adoptar un itinerario de acción u otro.

Las contratransferencias dan mucha información sobre la propia sombra (en lenguaje de Jung), de los *counsellors*, de manera que identificamos:

- Necesidades humanas no satisfechas: compañía, relaciones amorosas, reconocimiento, autorrealización.
- Aquellos aspectos de nuestra personalidad que manifiestan heridas: a través de un rechazo o de una fascinación desproporcionadas.
- La influencia que tenemos en otras personas y ellas tienen en nosotros.
- Los mecanismos de defensa que utilizamos con más frecuencia.
- Los límites propios y los de la relación de acompañamiento.

En la medida que somos conscientes de lo que nos sucede y no lo juzgamos, sino que lo admitimos y aceptamos como propio, tenemos la posibilidad de canalizarlo de una manera adecuada, sin volcar en la relación de ayuda lo que no corresponde. Es un aprendizaje sobre mí, *counsellor,* en el que la supervisión juega un papel fundamental.

Con relación a la transferencia y contratransferencia, en *counselling* utilizamos la destreza de la inmediatez que consiste en la capacidad de ayudar a tomar conciencia del modo de vivir la relación, tanto del ayudado como del ayudante en un determinado momento. Se trata de responder a la pregunta: **¿Qué está pasando entre nosotros aquí y ahora?**

Mostramos con un ejemplo algo que sucede a menudo y que puede tener de fondo el fenómeno de la transferencia:

C. *Siento un rechazo muy grande ante esta persona que atiendo, que está cerrada y se niega a aceptar ninguna propuesta.*

SV. ¿Incluso te enfada esto?

C. *Me pone de los nervios, sí. Me hace sentir impotente, inútil, como si fuera una pared, y voy al encuentro sin ganas ninguna, me pesa...*

SV. ¿Notas que es una emoción exagerada, no proporcionada?

C. *Sí. Me digo a mí misma que es su vida, que no tiene por qué hacerme caso, es más, que las iniciativas han de ser suyas, no mías, pero no sé por qué me saca tanto de mis casillas.*

SV. ¿Te recuerda tal vez otras relaciones personales en las que te sientes inútil o impotente?

C. *Ahora que me lo preguntas, sí, puedo decir que así es la relación con mi hermana.*

SV. *¿Crees que esto te entorpece tanto como para no ayudar?*

C. *Creo que, al hablarlo, me doy cuenta de algo que me pasa y es que si no me hacen caso es como si no sirviera para nada. Es mi inseguridad. Es lo que me pasa con mi hermana mayor. Al hablarlo, creo que encuentro algo interesante para abordar la relación con mi hermana, y también respecto a lo que me pasa en la relación de ayuda...*

Voy a darle una vuelta, tal vez si lo vamos hablando sea posible que no se convierta en un impedimento.

En resumen, la autenticidad parece la actitud propia de quien reconoce lo que sucede. Carl Rogers, en *El proceso de convertirse en persona* habla de coherencia. El psicoterapeuta es lo que es, no se esconde detrás de una fachada y manifiesta los sentimientos y las actitudes que en ese momento surgen de él. Significa que los sentimientos son accesibles para él, es capaz de vivirlos, serlos y comunicarlos. El grado de coherencia será tanto mayor cuanto más logre el terapeuta aceptar lo que en él sucede, y ser sin temor a la complejidad de sus sentimientos[22].

En la medida que los *counsellors* sigamos avanzando en autenticidad seremos más capaces de generar relaciones auténticas y promover lo mismo en las relaciones de ayuda. Si nos dejamos llevar por el temor a sentir, pondríamos barreras a la proximidad, sin la cual, no hay relación de ayuda.

c. Calidad ética

La supervisión, involucrada en la formación y transmisión de una práctica psicoterapéutica, se define como un espacio para: rever, dar cuenta y profundizar el trabajo de intervención, transmitir las bases filosóficas, éticas y técnicas de la praxis, apuntar en dirección a realizar intervenciones oportunas según las características del proceso y, advertir los posibles efectos en quienes ejercen como *counsellors*.

La ética es como un elemento clave para la concepción y praxis social, los límites y estándares del ejercicio profesional,

---

22. ROGERS, C. R. (2015). *El proceso de convertirse en persona*. Paidós. Barcelona, 73-74.

el desarrollo de la capacidad para tomar decisiones y aplicar competencias profesionales con enfoque ético. Todo esto, dentro de un marco legal vigente[23].

Además de garantizar la calidad y la ética en la atención de los consultantes, la supervisión permite desarrollar las competencias profesionales necesarias para desenvolverse en el campo clínico. La supervisión es una piedra angular en la formación de los *counsellors*, porque proporciona habilidades, valores, actitudes, estrategias de intervención y nociones teóricas que favorecen la eficacia del acompañamiento. Así mismo, la supervisión tiene el carácter de una cierta especialidad: es posible elegir ser supervisor, capacitarse para ello y encontrar material bibliográfico específico sobre el tema[24].

En la supervisión, es cada vez más importante, lo cultural o multicultural[25]. Es necesaria una perspectiva cada vez más amplia, para incluir no solo la raza/etnia y el género, y también la orientación sexual, la identidad de género, el estado de capacidad, la edad, el nivel socioeconómico y la clase social, religión/espiritualidad y nacionalidad; la visión de que los individuos comparten identidades múltiples e interseccionales ahora es parte de nuestro canon de supervisión existente. Pero para que todo eso importe y se integre significativamente en el proceso de supervisión del *counselling*, corresponde al supervisor

---

23. DAVY, G. (2007). "La profesión de orientación. Desafíos contemporáneos. Reflexiones desde la diversidad latinoamericana". En: *Revista cubana de alternativas en psicología*, 1/2, 16-33
24. BOTERO-GARCIA, C.; GIOVANNI, I.; MORALES, C. (2022). "Supervisión en psicología clínica: una revisión sobre estudios empíricos 2012-2021". En: *Universitas Psychologica, Pontificia Universidad Javeriana*, 21.
25. ANCIS, J. R. y LADANY, N. (2010). *A multicultural framework for counseling supervision [Un marco multicultural para la supervisión de consejería]*, en N. LADANY y L. J. BRADLEY (Eds.), *Counselor supervision: Principles, process, and practice*, Brunner-Routledge (4ª ed) 53-95.

abrir el diálogo sobre la cultura. Como supervisores, nosotros hemos de ir por delante para introducir la humildad cultural en la relación de supervisión desde el principio, como una forma de abrir ese diálogo.

Por otro lado, la importancia de lidiar con la complejidad ética se hace necesaria. Todo empieza con la suficiente sensibilidad ética (identificar los propios conflictos y los valores en juego), ser capaz de generar un árbol de decisiones posibles y discernir en torno al curso moral de acción que más honre los valores, implementando una decisión ética con prudencia, conscientes de las consecuencias, y posteriormente aprender a vivir con la ambigüedad de la decisión, ya que, no es posible suponer una sola y única decisión oportuna[26].

El cuidado de sí o *épiméleia heautou* es un concepto socrático recogido por Michael Foucault[27], dentro de su último trabajo analítico sobre la constitución de la subjetividad. Refiere a una práctica de revisión del sí mismo, que alude a la inquietud, ocupación y conocimiento de sí del sujeto en tanto labor ética y política al servicio de una mejorada relación consigo mismo y los otros.

Se trata, entonces, de dotar a la supervisión como práctica de formación y *counselling* de una impronta ética.[28]

No es de menor importancia en la supervisión, el respeto del cumplimiento de principios éticos y profesionales establecidos en los códigos deontológicos de las profesiones. Por ejemplo,

---

26. Galán, J. S. F.; De Àvila, X. Y. (2018). "Ética y supervisión en psicoterapia». *Daena: International Journal of Good Conscience*,13/1, 28-40.
27. Foucault, M. (2009). *Hermenéutica del Sujeto*, Fondo de Cultura Económica, Buenos Aires.
28. Jiménez, D. (2013). *El cuidado como una forma de estar en la supervisión sistemática relacional*, Universidad de Chile, Santiago.

la confidencialidad (con las excepciones de maltrato a menores o peligro del cliente para sí mismo u otros), la derivación del paciente cuando se carece de habilidad en la problemática, la misma búsqueda de supervisión, particularmente en el caso de terapeutas principiantes y la evitación de las denominadas relaciones duales (económicas, sexuales, sociales, etc.) paralelas a las de acompañamiento[29].

29. Bados, A.; García, E. (2011). *Habilidades terapéuticas*, Facultad de psicología, Universidad de Barcelona, 5.

6

Caja de herramientas

A continuación, recogemos un conjunto de instrumentos que utilizamos para las sesiones de supervisión, ya sean vis a vis, en grupo, en cámara Gesell. En este apartado, hemos contado con la inestimable ayuda de Alfonso Octavio Moreno, Coordinador del Centro de Escucha de Toledo y máster en *counselling* y en duelo por la Universidad Pere Tarrés. De hecho, los instrumentos 1, 2, 3, 5, y 6, son propuestas suyas en las que hemos trabajado juntos. En el instrumento 6 hemos trabajado junto a Alfredo Manteca, también máster en *counselling* y en duelo por la Universidad Pere Tarrés.

Los instrumentos 7 y 8 son los que utilizamos, con algunas modificaciones, en el Centro de Humanización de la Salud, en las clases de los máster de *counselling* y de duelo. Otros instrumentos tienen el sello de diferentes Centros de Escucha de la Red de Centros de Escucha promovidos por el Centro de Humanización de la Salud de los religiosos camilos. Todos ellos son compartidos en el presente trabajo para que sirvan de ayuda. Creemos que pueden ser de utilidad, tanto para Centros de Escucha como para otros dispositivos de acompañamiento.

Instrumento 1	Counsellor/escucha:
ANÁLISIS DEL CASO	
INTRODUCCIÓN DEL CASO Información relevante Objetivos y Expectativas	
CONVERSACIÓN	

¿Has tenido en cuenta?	Análisis del consultante
PSICOLÓGICOS Pensamientos/Creencias Resistencias/ Autoimagen	
FÍSICO/CORPORAL Sensaciones/Percepciones	
CONDUCTAS/REACCIONES	
EMOCIONES AFECTOS Primarias/secundarias	
RELACIONAL Familia, iguales, profesores, desconocidos, laboral, etc.	
ESPIRITUAL Valores, religión, vida, Dios, trascendencia	
NECESIDADES Básicas, seguridad, afiliación, afiliación, reconocimiento, realización, otras.	

¿Has tenido en cuenta?	Análisis del counsellor/escucha
ACOGIDA RELACIÓN VÍNCULO ¿Has cuidado el espacio, tu tono/postura/mirada? ¿Cómo percibes la relación? ¿Notas incomodidad? ¿Te surgen emociones/resistencias/defensas? ¿Haces interpretaciones o prejuicios?	
ACTITUDES Empatía: Aceptación: Coherencia:	
AUTOEXPLORACIÓN Escucha activa y reformulación: ¿Has reformulado, devuelto la emoción y el sentir, resumido? ¿Has respetado el silencio y su expresión emocional? Explorar: ¿Qué dimensiones están afectadas? Identificar: ¿Has ayudado nombrar fortalezas/debilidades, amenazas/apoyos?	
AUTOCOMPRENSIÓN Personalizar: ¿Has ayudado a concretar necesidades, significados, poner ejemplos? Fin/problema/emoción/significado Profundizar: ¿Ayudas a nombrar valores? Confrontación: ¿Has confrontado incoherencias, motivaciones, afrontamientos? Mirar desde otro prisma: ¿Has ayudado a ver más de una forma de interpretar?	

ACCIÓN Definir: ¿Has ayudado a definir el problema, las prioridades, las responsabilidades, así como valores y motivaciones? Toma de decisiones: ¿Has proporcionado soporte con instrumentos? Actuar: ¿Has ayudado a concretar los primeros pasos y a dar soporte en la acción?	

Instrumento 2	Supervisor o grupo:
CONSULTANTE:	FECHA:
ANÁLISIS DEL CASO Datos destacables de la persona y motivo de consulta	
CONVERSACIÓN: Reproduce un fragmento de la conversación y señala la dificultad	

¿Qué veo en la persona acompañada? Comenta solo aquello que consideres relevante	
Estado físico Psicología Emociones Relaciones Cultural Espiritual: Valores, sentido, fe	

Análisis de la relación y el vínculo con la persona	
¿Qué observo en la relación? Confianza/distancia Resistencia Dependencia ¿A qué lo atribuyo? Qué creo que funciona mejor/peor	

¿Qué veo en mí? Destrezas, tendencias, sentimientos propios y aspectos a reforzar	
Destreza más usada Destreza que puedo usar Momentos incómodos Sentimientos/ pensamientos Fortalezas /debilidades Mi tendencia es a... La manejo así:	
OTROS ASPECTOS Derivaciones, apoyos terapéuticos, conflictos éticos	

<table>
<tr><th>Instrumento 3</th><th>Sesión de supervisión</th></tr>
<tr><td colspan="2">DESCRIPCIÓN DE LA CONSULTA (nº de sesiones, datos biográficos, etc.)</td></tr>
<tr><td colspan="2"></td></tr>
<tr><td colspan="2">DIFICULTADES/FORTALEZAS MANIFESTADAS POR EL COUNSELLOR</td></tr>
<tr><td>Sobre mi experiencia: Emociones/ pensamientos
Resistencias/defensas
Creencias/valores</td><td>Sobre la relación: Transferencia/ contratransferencia/cercanía/ seguridad/incomodidad</td></tr>
<tr><td>Sobre mi desempeño: Actitudes/ comunicación verbal-no verbal/ técnica/conocimiento</td><td>Sobre el problema: Objetivos/ prioridades/amenazas/ayudas/red apoyo/fortalezas</td></tr>
<tr><td colspan="2">Otras: Conflictos éticos/derivaciones/ayudas terapéuticas</td></tr>
<tr><td colspan="2">APORTACIONES DEL SUPERVISOR</td></tr>
<tr><td colspan="2">Sobre mi experiencia: Gestión de emociones/pensamientos/resistencias/ defensas/creencias/valores</td></tr>
<tr><td colspan="2">Sobre la relación: Transferencia/contratransferencia/Aspectos personales a trabajar/Afinidades/Afectos/Exploración de temas incómodos</td></tr>
<tr><td colspan="2">Sobre mi desempeño: Actitudes/Comunicación verbal-no verbal/Técnicas a reforzar/Conocimientos por adquirir/Fortalezas teórico-prácticas</td></tr>
<tr><td colspan="2">Sobre el problema: Objetivos/Pistas a seguir/Reordenar prioridades/amenazas/ ayudas/red apoyo/fortalezas no apreciadas/Lo que no veo</td></tr>
<tr><td colspan="2">Otras: Conflictos éticos/Derivaciones/ayudas terapéuticas</td></tr>
</table>

Autorreflexión del counsellor	
¿QUÉ EMOCIÓN SE ME MUEVE?	¿EN QUÉ MOMENTO DE LA CONVERSACIÓN SIENTO INSEGURIDAD/INCOMODIDAD ¿A qué lo atribuyo?
¿QUÉ VALORES ESTÁN PRESENTES?	CONOCIMIENTOS Y HABILIDADES QUE ME FALTAN
TRES RASGOS POSITIVOS DE MI INTERVENCIÓN	UNA PREGUNTA PARA TI (SUPERVISOR)
APORTACIONES DEL/ DE LA SUPERVISOR	
DÓNDE BRILLAS	DÓNDE HAY LUCES ROJAS
POR DÓNDE ABRIR	DAME FEEDBACK

Instrumento 4	Counsellor/Escucha:
PISTAS:	Una pregunta para ti: Algo que añadir, otra duda o pregunta que hacer. Dónde brillas: Aquí el supervisor añade dónde ve que destaca la intervención del counsellor. Dónde hay luces rojas: Se trata de ver dónde el counsellor está siendo más directivo o cayendo en tendencias que desvían de la relación de ayuda. Por dónde abrir: Con esta metáfora se trata de que el supervisor dé pistas para seguir avanzando: temas a trabajar, técnicas no usadas. Dame feedback: El supervisor pide al counsellor retroalimentación sobre lo trabajado hoy.

Instrumento 5	Escucha o counsellor:
SUPERVISOR:	FECHA:
CASO:	DIÁLOGOS IMPORTANTES:
(Motivo de consulta y datos relevantes)	(Reproduce diálogos del counsellor sobre el caso que demuestren sus dificultades y aciertos)
OBSERVACIÓN DEL CASO:	
Estado físico Psicología Emociones Relaciones Cultural Espiritual Comenta solo aquello que consideres relevante ¿Dependencia?¿Distancia? ¿Sinceridad?	EL VÍNCULO y LA RELACIÓN (Confianza/Distancia Sinceridad/ Resistencia Dependencia) Aspectos positivos y negativos de la relación. Motivos. Se identifican transferencias y contratransferencias.
PERCEPCIONES DEL COUNSELLOR	OTROS ASPECTOS
Destrezas y herramientas Sentimientos Aspectos que reforzar Fortalezas Incomodidades Comenta solo aquello que consideres relevante	Derivación a otros profesionales, apoyos terapéuticos, conflictos éticos.

APORTACIONES DEL SUPERVISOR	
Sobre la experiencia: Emociones/ Resistencias/Pensamientos/Creencias/ Valores	Sobre la relación: Transferencia/contratransferencia/ cercanía/seguridad/comodidad/clima / acogida
Sobre el desempeño: Actitudes/Comunicación verbal-no verbal/Técnica/Conocimiento/ Herramientas	Sobre el problema: Objetivos/prioridades/amenazas/ ayudas/red apoyo/fortalezas
FEEDBACK AL SUPERVISOR	

Instrumento 6 Crear un espacio seguro / clima de confianza
¿He cuidado el espacio físico, tono de voz, mirada y lenguaje corporal? ¿Ha sido una acogida cálida?
Empatía: ¿He sintonizado con sus circunstancias 'metiéndome en el pozo'? ¿He sabido reflejárselo para que se sintiera comprendido? ¿Cómo lo he notado?
Aceptación: ¿Me han asaltado prejuicios o rechazos? ¿Cómo los he controlado? ¿He validado y valorado su vivencia, sin aconsejar o solucionar?
ACOGIDA Y AUTOEXPLORACIÓN: Conocer y comprender a la persona y lo que le pasa.
Escucha activa: ¿He demostrado mi comprensión reformulando o resumiendo su relato, dando espacio a emociones y silencios, sin interrumpir o pisar?
Concretar: ¿He ayudado a concretar necesidades, significados y expectativas y a poner ejemplos de sus experiencias, acciones o sentimientos?
Explorar: ¿He comprendido todas las partes afectadas, las dimensiones personales y el contexto familiar y social?
Identificar: ¿He notado las defensas y estilos de afrontamiento? ¿He identificado las posibles amenazas, fortalezas, apoyos y recursos?
PROFUNDIZACIÓN/AUTOCOMPRENSIÓN: Que la persona comprenda lo que le pasa.
Personalizar: ¿He ayudado a que concrete y se haga dueño de su problema, de cómo participa en el problema? ¿Ha nombrado significados y emociones como suyas? ¿Ha concretado qué hará y cómo?
Profundizar: ¿He ayudado a explorar valores? ¿He ayudado a preguntarse por el sentido en medio de lo que le ocurre?
Autodescubrimiento: ¿He usado ejemplos personales adecuados con intención de ayudar?
Confrontar: ¿He ayudado a analizar defensas psicológicas, motivaciones y estilos de afrontamiento? ¿He confrontado ideas irracionales, o la congruencia entre el ser-hacer-decir? ¿He podido explorar recursos y habilidades no percibidas por el ayudado?

ACCIÓN: Qué hacer con lo que le pasa.
Definir: ¿Ha quedado definido el problema, las prioridades (urgente/importante), las responsabilidades?
Seleccionar: ¿Se han tenido en cuenta opciones, varios cursos de acción? ¿Le he ayudado a ver los valores presentes en cada curso de acción y las consecuencias?
Actuar: ¿Le he ayudado en la planificación: recursos, fortalezas, debilidades, establecido metas y tiempos?
GUÍA PARA LA AUTOSUPERVISIÓN

Instrumento 7
Guía para la observación de escenificación de counselling en cámara Gesell

COUNSELLOR			FECHA:			
Actitudes Empatía Aceptación incondicional Autenticidad Estilo Relacional Comunicación no verbal	Destrezas 1ª fase Escucha Activa Reformulación Validación Clarificación Dilucidación	2ª fase Personalización: Significado Problema Sentimiento Fin	2 y 3ª fase Confrontación Didáctica Ética Intención Paradójica Persuasión Iniciar	Otras: Refuerzos Inmediatez Auto-revelación	Aspectos Positivos a destacar	Aspectos a mejorar

Instrumento 8
Guía para el análisis de entrevistas de counselling

En el presente trabajo se pretende describir un encuentro con una persona necesitada de algún tipo de ayuda y cuanto sucedido en él: la conversación, los gestos, el trabajo realizado. El *objetivo* es analizar algunos elementos de la experiencia humana de la persona encontrada, del *counsellor* y del fenómeno de la relación entre ambos. Este análisis puede permitir al ayudante aprender de la propia experiencia mediante la reflexión sobre ella.

1. **Informaciones**
   - Fecha, hora y duración del encuentro.
   - Lugar y descripción detallada del mismo.
   - Informaciones que se conocen relativas a la otra persona (por ej. procedencia, edad, problema social, médico, etc., diagnóstico...).
   - Breve resumen de la relación precedente con él, si la ha habido.

2. **Preparación**
   - ¿De quién es la iniciativa del encuentro?
   - ¿Cuál es tu objetivo concreto, la intención?
   - ¿Crees que la persona tiene alguna expectativa concreta, definida, clara?

3. **Observaciones**

   Anota las observaciones o impresiones que acompañan a la visita: detalles del ambiente en ese momento, de su comportamiento, expresiones no verbales, etc.

4. **Conversación**

   Transcribe lo más fielmente posible lo que recuerdes de tu encuentro: el saludo inicial, el desarrollo de la entrevista, las interrupciones, pausas o expresiones diversas, el trabajo que realizas mientras hablas con él, si es el caso. (Cambia el nombre de la persona).

   Ejemplo:

A.1. Buenos días, Andrés. ¿Qué tal está hoy? (Saludándole con la mano).

E.1. ¡Ba! Parece que un poco mejor, pero sigo sin dormir bien.

A.2. No puede dormir... Hay algo que se lo impide...

E.2. Mire, yo creo que ya estoy hecho un cacharro, (se le empañan los ojos), que...

Etc, etc.

5. **Análisis de la experiencia de la persona ayudada**

   5.1. Describe cómo están implicadas las diferentes *dimensiones* (física, intelectual, emocional, social, valórica, espiritual) de la persona en este encuentro. Cuál de ellas predomina y por qué.

   5.2. Intenta dar nombre concreto a las *necesidades* de la persona con la que se ha entablado la relación o describe cómo vive cada una de las necesidades siguiendo la escala de Maslow.

   5.3. Cuál es el *sentimiento* predominante y cómo lo vive el otro. Añade otras palabras de sentimientos para describir su mundo emotivo.

6. **Análisis de la relación y de la experiencia del *counsellor***

   6.1. ¿Cómo has vivido la relación con esta persona? ¿Cuáles son las *dificultades* que te plantea para una entrevista de *counselling* con él? ¿Cómo las podrías superar o afrontar?

   6.2. Valora el *tipo de tus intervenciones*. ¿Crees que son empáticas o de qué tipo las consideras?

   6.3. ¿Tus intervenciones reflejan el uso de *técnicas* propias del *counselling* como: escucha activa, reformulación, personalización, autorrevelación, inmediatez, confrontación, iniciación, persuasión, intención paradójica, etc.? ¿Qué intervenciones en concreto? Poner el nombre de las técnicas en las intervenciones del mismo diálogo, es decir en el punto 4.

   6.4. Describe el proceso de *tus sentimientos* a lo largo del encuentro. Intenta detectar los cambios, si los ha habido, y los motivos. ¿En qué medida han influido en la relación con esta persona?

6.5. Esta entrevista, ¿ha despertado en ti algún elemento de *tu vida* especialmente relacionado con su experiencia concreta? ¿Cómo lo has vivido?

6.6. ¿Por qué has *elegido* este encuentro para hacer este análisis?

6.7. De cara al *futuro*, si tienes más entrevistas con esta persona, ¿cómo puedes ayudarla mejor desde el punto de vista relacional?

7. **Dinámicas psicológicas y problemas éticos presentes**

7.1. Señala las *dinámicas psicológicas* más importantes que detectes en este encuentro: mecanismos de defensa, transferencias, contratransferencias, etc.

7.2. ¿Hay algún *problema ético* presente en este encuentro? Descríbelo y analiza los elementos en juego.

8. **Conclusión**

Haz una lista conclusiva de las cosas que crees que *puedes aprender del análisis y reflexión* sobre esta entrevista.

9. **Otras observaciones**

¿Deseas añadir algo?

Instrumento 9
Guión de supervisión del Centro de Escucha San Camilo de Cáritas Diocesana Sigüenza-Guadalajara

1. **Usuario.**
   Sexo, edad, situación familiar, personal y laboral.
2. **Número de sesiones.**
3. **Momento del proceso en que nos encontramos.**
   - *Counselling:* Exploración, profundización, actuación.
   - Duelo: Narración, personalización de la pérdida, identificación y manejo de emociones, reorganización de capacidades, recolocación emocional del fallecido, nuevas relaciones, identidad personal.
4. **Palabras / ideas clave del usuario.**
5. **Hacia dónde creemos que debe seguir el proceso.**
6. **¿Cómo estoy yo en el proceso?**

Instrumento 10
Guión de Supervisión del Centro de Escucha del COF Virgen de Olaz

1. **INFORMACIÓN:** información básica del caso, motivo de solicitud, nº de sesiones tenidas, contenidos tratados, etc.
2. **Análisis de la experiencia de la persona ayudada:** sintomatología del duelo, afectación de las distintas dimensiones de la persona, necesidades principales de la persona atendida...
3. **Análisis de la relación y de la experiencia del *counsellor* o del escucha:**
   a. ¿Cómo has vivido la relación con la persona, cuáles son las dificultades que encuentras para escucharle y ayudarle?
   b. ¿En qué fase del proceso de *counselling* crees que te encuentras? Autoexploración, Autocomprensión, Acción.
   c. ¿Tus intervenciones han sido empáticas?
   d. ¿Tus intervenciones reflejan el uso de técnicas del *counselling* como escucha activa, reformulación, personalización, confrontación...?
   e. Describe tus sentimientos a lo largo del proceso ¿en qué medida han influido en la relación con la persona?
   f. El proceso de escucha ¿ha despertado en ti algún elemento de tu vida relacionado con su experiencia concreta? ¿Cómo lo has vivido?
   g. De cara a futuras entrevistas ¿cómo crees que puedes ayudar mejor a la persona desde el punto de vista relacional?
4. Dinámicas psicológicas y problemas éticos presentes:
   a. Señala las dinámicas psicológicas más importantes que detectes en los encuentros: mecanismos de defensa, transferencias...
   b. ¿Hay algún problema ético presente en este encuentro?
5. **Conclusión:** haz una lista de las cosas que crees que puedes aprender del análisis y reflexión sobre tus escuchas.

Instrumento 11
Guía para el análisis de entrevistas de counselling

Con "la supervisión" nos proponemos que el "escucha" realice una adecuada intervención sobre el duelo que vive la persona doliente, el conocimiento y aplicación del Modelo y de las herramientas de la Relación de ayuda y del *counselling*.

De igual modo, pretendemos detectar las necesidades formativas con relación al tipo de duelo que se esté presentando y/o supervisando.

También sobre cómo se está sintiendo el escucha en su tarea, cuál es el eco que le provoca la situación-dolor de la persona doliente; abordar los desafíos emocionales.

En las supervisiones, iluminan los miembros del equipo (escuchas) y suele confirmar o confrontar el coordinador (si fuera necesario), con la intención de situar e iluminar por dónde se debe trabajar o seguir trabajando (según el caso).

Se puede partir de una presentación de un tipo de duelo determinado, por parte de algún miembro del equipo, que esté atendiendo o haya atendido a un doliente/s con la tipología de duelo referida. Para ello, se presenta un breve documento, elaborado previamente para la sesión, y se apoyará con un caso práctico que se esté atendiendo actualmente o que se haya atendido.

Esta primera opción nos ofrece un elemento formativo directo y concreto (formación en Centro) sobre algún tipo de duelo que consideremos de interés, atendiendo a su novedad, repetición, dificultades presentadas, derivaciones internas que ha podido provocar, etc.

Puede realizar la referida presentación algún miembro del equipo o, según el caso, el coordinador del equipo. Una vez realizada la presentación, expone su experiencia vivida o que está viviendo de atención al doliente/s. De esta forma, se podrán reconocer los contenidos, características del tipo de duelo referido (presentado), habilidades y destrezas a tener en cuenta, etc.

El diálogo, las aportaciones, dudas, etc., las podrán realizar todos los miembros del equipo, desde sus propias experiencias o desde el interés que les suscite la atención o "escucha" de este tipo de duelo.

En este caso, no existe *la petición de supervisión* por parte de ningún miembro del grupo.

Otra forma de proceder puede ser que los escuchas que participan en el grupo presentan sus propios casos. Es decir, solicita la supervisión del caso que atiende. La supervisión se puede realizar a partir de casos "en vivo" con el visionado en directo por parte del grupo mientras el escucha supervisado realiza la sesión (el visionado se realiza a través de un espejo unidireccional o circuito cerrado de video), o "post-sesión". En este último caso, los escuchas supervisados deben aportar registros de soporte, tales como una transcripción, una comunicación ordenada y clara (este es actualmente nuestro caso), una grabación de audio o un DVD de la sesión, para poder así realizar la correspondiente supervisión. Por supuesto, todo ello con el previo consentimiento de la persona doliente.

En definitiva, los escuchas asistentes al grupo de supervisión tienen la oportunidad de realizar un seguimiento sobre su caso y consultar las dudas pertinentes, así como enriquecerse del seguimiento de los otros casos; permite aclarar dudas.

Se realizan en grupos reducidos, entre 6 y 8 escuchas, coordinados por el tutor o supervisor. Las sesiones se realizan mensualmente y tendrán una duración variable en función de las necesidades del supervisado, aunque en ningún caso excederá de 45 minutos.

En las sesiones de "revisión de casos", se observa a los escuchas realizando una triple mirada:

1. *Sobre los dolientes:* ¿Cuál es el estado actual del/los dolientes o grupo? ¿Qué datos significativos de avance, bloqueo o retroceso en el proceso de los dolientes se observa? ¿Qué elementos complican o pueden complicar el proceso de duelo del doliente? Etc.

2. Sobre las herramientas utilizadas: Modelo de intervención, el *counselling*, otras.

   Sobre el Modelo: ¿En qué momento del proceso me encuentro con cada uno de los dolientes? ¿Voy viendo avances en el cumplimiento de metas, tareas, objetivos y contenidos? ¿Qué dificultades he encontrado en la aplicación del modelo? ¿Se van confirmando las hipótesis de partida? Etc.

Sobre el counselling: Qué dificultades encuentro en la aplicación de la herramienta para la consecución de los objetivos y límites del *counselling*:

a. Afrontar y solucionar alguno de sus problemas. (Relación auxiliante, de ayuda).
b. Intervenir en situaciones de dificultad. (Con una valencia preventiva).
c. Realizar un proceso donde el ayudado realiza un aprendizaje y refuerzo de sus capacidades de autoayuda. (Caja de herramientas).
d. Afrontar los problemas al identificarlos, explorarlos, responsabilizarse de ellos, reconocer los recursos con que cuenta, movilizarlos hacia el *cambio más adecuado hacia el bien.* (Compromiso ético).
e. Trabajar el desarrollo y crecimiento personal del ayudado, conocimiento personal, valores... (Pérdidas/Crecimiento, ganancias...).
f. ...

Sobre el escucha:

Qué dificultades encuentro en las tareas u objetivos del *counsellor.* (Estas tareas u objetivos *relacionados* con habilidades, **técnicas y** destrezas):

a. Establecer un vínculo. (1ª F. Cercanía-distancia, diagnóstico-hipótesis, cooperación).
b. Acoger para explorar. (1ª F. Favorecer la Narración. Valor terapéutico. Orden mental y emocional).
c. Validar sentimientos. (1ª F. Sentimos-pensamos, ansiedad-malestar emocional).
d. Promover la personalización. (2ª F. Tu problema, querer-poder).
e. Ayudar a deliberar y discernir. (2ª F. Confronta, y ¿ahora qué?).
f. Potenciar las posibilidades y recursos. (2ª-3ª F. Consolamos; *ser-con el otro en la soledad, que deja de ser tal. (*Reforzamos la esperanza; ser ancla, reconocemos).

g. Motivar para el cambio. (3ª F. Resistencia, sentirse-ser, integración sufrimiento, perdón).

h. Despedirse. (3ª F. Tarea de cierre, vínculo para ayudar).

- Como "escucha": ¿Qué experiencias voy teniendo que validen mi labor de escucha y mi crecimiento en la relación de ayuda?; ¿qué dificultades y, por tanto, qué necesidades formativas o de profundización reconozco en mí para continuar con ese crecimiento? ¿Qué eco, emociones y sentimientos me provocan la práctica de las escuchas; mi dolor y sufrimiento, mi desconcierto (dudas), impotencias (bloqueos), momentos de huida (miedos)? ¿Cómo abordo y gestiono mis desafíos emocionales? Etc.

La información, situación del caso que se viene atendiendo y sobre el que se solicita la supervisión.

1. *La presentación del caso.* Se quiere responder a la pregunta de cuál era la situación de partida en la que se encontraba la persona doliente cuando solicitó la ayuda al CESC.

   Se tomará como referencia lo recogido en la entrevista Inicial:

   1.1. *Datos personales de interés:*

   Nombre y Apellidos. Edad. Estado civil. Estudios. Ocupación y lugar de residencia.

   1.2. *Resumen de la entrevista:*

   Motivo de consulta.
   Problema/s principal/es.
   Breve historia del problema.
   Apariencia y presentación de la persona.
   Comportamiento durante el encuentro.
   Propuesta/respuesta del acompañamiento individual/pareja/grupo. Otros datos o consideraciones de interés.

2. *Valoración y apoyo necesario al proceso de duelo de la persona doliente.*

   - Se quiere situar en qué momento del proceso de su duelo se encuentra, sobre el que se solicita la supervisión.

- Nos puede ayudar hacer referencia a:
  - Las hipótesis de partida consideradas, las dimensiones fundamentales de la persona que estaban afectadas por el duelo, al comienzo del proceso y en el momento actual que se solicita la supervisión.
  - Algunos objetivos terapéuticos y propuestas de intervención que teníamos trazada; las que reconozco que se están cumpliendo y las que no.
  - El bloque, del Modelo Humanizar, en qué estamos situados y las sesiones correspondientes.
  - Las dificultades detectadas y reconocidas en su proceso de duelo.
  - Qué capacidades y destrezas (los recursos de la persona doliente) reconozco en la persona. Cómo le ayudo (estrategias que estoy utilizando como escucha) a que las reconozca y las ponga en práctica.
  - Cuáles son las dificultades con las que me estoy encontrando como escucha.
  - Qué habilidades y destrezas estoy aplicando, cuáles reconozco que me están dando resultados, cuáles no aplico o/y no me están dando resultados.
  - La consideración sobre derivaciones hacia dentro del CESC (con otra opción individual-grupo) o hacia fuera (otras instituciones).
  - ...

3. *Valoración de cómo se ha sentido el escucha durante la sesión de supervisión.*
   - Qué sentimientos me ha provocado. Cómo lo estás trabajando, qué te ayuda, que te dificulta. (Te proporciona un espacio para la reflexión).
   - Me ha aportado elementos prácticos, útiles para seguir con las atenciones a la persona doliente. (Te ayuda a mantener y mejorar la calidad de atención).
   - Qué puntos fuertes y/o débiles me ha ayudado a reconocer mi rol de escucha.

- Qué necesidades formativas me genera. (Favorece la actualización de conocimientos). ¿Las estás atendiendo? Con qué recursos formativos.
- ...

Instrumento 12
Guía de autosupervisión propuesto en el Centro de Escucha de Ciudad Real

Autosupervisión

Esquema

Contenido	
Dimensiones	
Recursos	
Estrategias	
Yo	

Pistas para primer apartado de *contenido*: Anotar los puntos más importantes sobre el contenido de lo escuchado.

Pistas para segundo apartado de *dimensiones*: ¿Cómo veo a la persona que atiendo? Con relación a las dimensiones fundamentales: física, mental, afectiva, valórica, espiritual, social.

Pistas para el tercer apartado de *recursos*: ¿Qué recursos me doy cuenta de que tiene la persona y qué se pueden sacar a la luz o estimular para que los use la persona atendida?

Pistas para el cuarto apartado de *estrategias*: ¿cómo plantearé en el siguiente encuentro para que la persona atendida vaya descubriendo sus recursos, vislumbrando las posibles iniciativas que puede afrontar... preparando la confrontación?

Pistas para el quinto apartado sobre el "*yo*": ¿Dónde me atasco? ¿Qué es lo que más me cuesta en la escucha de esta persona? ¿Qué medios puedo poner para superar esta dificultad? ¿Qué es lo que mejor he hecho en este encuentro? ¿Cómo me siento? ¿Qué despierta en mí?

Instrumento 13
Guión de Supervisión en el grupo propuesta en el Centro de Escucha de Ciudad Real

1. Narrar un encuentro.
2. ¿Me genera alguna dificultad? ¿Cuál?
3. ¿Me siento cómoda? ¿A qué lo atribuyo?
4. ¿Qué puntos fuertes de mí salen a la luz en este encuentro?
5. ¿Reconozco alguna tendencia que sirve menos para *counselling*?
6. ¿Cómo he manejado mi interior en este encuentro?
7. ¿Qué haré en el siguiente encuentro, con relación a mí?
8. Alguna técnica o habilidad que puedo utilizar más es... y ¿cómo?
9. Respecto a significados y sentimientos de la persona atendida, ¿subrayo algo para tener en cuenta?
10. Espontáneamente, algo más que me surge es...

Cerrando el libro

Hay algo bello en la práctica de la supervisión. Como lugar de encuentro entre personas, todas sanadoras heridas, la práctica tiene un poder admirable de interpelar a quien supervisa y a quien se deja supervisar. No es un mero ejercicio de chequeo para verificar el cumplimiento de un modelo de intervención. Se trata, más bien, de una experiencia de compromiso de crecimiento personal y desarrollo humano en la apasionante tarea de acompañar en el sufrimiento.

Hay mucha humildad en la práctica de la supervisión. Quien se somete a ella, acepta que puede ser revisado, reforzado, pero también confrontado. Es invitado a que se mire no solo en términos de eficacia de la aplicación de un modelo, cuanto en términos de aceptación de los límites, en clave posibilista, abriéndose al cuestionamiento y a la hipótesis de que puedan existir diferentes modos y caminos para acompañar en el sufrir.

Hay mucho compromiso recíproco en la práctica de la supervisión. Supervisor y *counsellor*, individuo y grupo, quizás tácitamente, buscan el bien para los ayudados, pero también el bien del propio *counsellor* y la salud relacional en todo tipo de interacción, en clave de serena confrontación y autoconfrontación.

Hay un magisterio de la experiencia en la práctica de la supervisión, que se reconoce mediante la reflexión compartida sobre ella. Se usan instrumentos para el análisis de entrevistas, de diferente naturaleza, pero se usa, sobre todo, la capacidad reflexiva, bajo el convencimiento de que reflexionar sobre la experiencia y compartir sus frutos, es generador de conocimiento y camino privilegiado de aprendizaje.

Hay paz y círculo epistemológico entre teoría y práctica en la supervisión. Esta no consiste solo en la aplicación correcta de un modelo teórico, cuanto en el recorrido en espiral, de forma dialógica, entre teoría y práctica. La teoría ilumina, propone, dibuja modelos de intervención. La práctica verifica el modelo o lo confronta, pero, a su vez, genera aprendizaje y teoría de una manera constructivista.

Hay mucho compromiso ético en la práctica de la supervisión. Lejos de ser mera rutina o parte definida de un proceso, la supervisión es un deber ético. Someterse a ella, con el tiempo y los recursos necesarios, es una cuestión de justicia con relación a los ayudados por el *counsellor*, es un deber de prevención de la eventual posibilidad de hacer daño (deber de no maleficencia), es un compromiso ético por hacer bien el bien, y se realiza en un contexto de respeto por la libertad de cada *counsellor* de ser él mismo en su intervención, no mero técnico de un modelo o reflejo del modelo del supervisor. La práctica de las virtudes ha de impregnar todos los procesos de relación con personas que se presentan vulnerables y solicitando –o aceptando– una relación de ayuda.

Hay mucho corazón humanizador en la práctica de la supervisión. El desafío presentado por el fundador de los camilos, a quienes pertenece el Centro de Humanización de la Salud, donde tienen su origen los Centros de Escucha que practican *counselling* en España y América Latina, se formulaba así: "más corazón en las manos". Con gusto alargamos este desafío a todo *counsellor y a toda persona que supervisa*: más corazón en las orejas, en la escucha; más corazón en la boca, en las palabras; más corazón en todo el cuerpo, en la mirada, en los gestos, en la presencia plena de toda la persona del que pisa terreno sagrado al escuchar la narrativa del sufriente en el *counselling*.

Títulos recomendados

Colección: A los cuatro vientos

ISBN: 978-84-330-3278-2

Páginas: 160

Encuadernación: Rústica con solapas

Formato : 15 x 21 cm

Edición: 1ª

Ana Martínez-Cuevas, José Carlos Bermejo, Pilar Barreto Martín

Profesionales compasivos

La aceptación incondicional en las relaciones de ayuda

Las relaciones de ayuda son encuentros apasionantes que desean liberar del sufrimiento evitable e integrar el que se puede evitar. El modelo del counselling humanista se ha mostrado eficaz y humanizador en sus diferentes expresiones. La magia de las relaciones de ayuda se produce si se genera la confianza que nace del no sentirse juzgado. Quien se siente acogido sin condiciones, se abre, se empodera, se motiva para ayudarse a sí mismo.

Estas páginas recogen algunas implicaciones de esta actitud, que Rogers consideró una de las tres necesarias para ayudar: empatía, autenticidad y consideración positiva. Esta última es explorada aquí, desmenuzada en sus implicaciones, contrastada desde las distintas fuentes, desplegada en su significado de ausencia de juicio moralizante, confianza en el ayudado, validación de sentimientos y cordialidad. Hay en el fondo un convencimiento que nace de la experiencia: Sin juzgar al otro, se produce la tendencia actualizante, la tendencia al mejor desarrollo de la persona.

Los autores, docentes de counselling, profundizan sobre este aspecto que, de manera más genérica, presentaron en otras de sus obras sobre relación de ayuda, aplicada al mundo sanitario, social, educativo, espiritual, etc. Aquí dan forma a esta expresión de la genuina compasión del ser humano ante el malestar del otro..

Colección: A los cuatro vientos
ISBN: 978-84-330-3227-0
Páginas: 156
Encuadernación: Rústica con solapas
Formato : 15 x 21 cm
Edición: 1ª

José Carlos Bermejo

Motivación y salud

¿Cómo motivarnos para un cuidado humanizado? ¿Qué nos motiva y qué nos desmotiva, para ser felices en las relaciones de ayuda, a la vez que eficaces?

La motivación tiene muchos vínculos con la relación clínica: para promover dinámicas de alta adherencia a tratamientos, procesos rehabilitadores, hábitos preventivos, para no equivocarnos en la vocación sanitaria, para ayudar de manera efectiva.

El altruismo, el comportamiento compasivo, prosocial, tiene necesidad de ser explorado para descubrir las verdaderas razones que nos llevan a hacer bien el bien, afrontando la desmotivación, incluida la acidia.

Los líderes y jefes de servicios se preguntan cómo aprovechar el poder de la palabra como medio para motivar a sus empleados, en qué medida son importantes las motivaciones espirituales que tantas personas viven como relevantes para encontrar fuerzas para hacer el bien.

Estas páginas son reflejo de la experiencia del autor, de lo aprendido sobre la motivación en su carrera profesional como director de una empresa que cuida y enseña a cuidar conjugando el verbo humanizar como referente fundamental: el Centro de Humanización de la Salud en Tres Cantos –Madrid–.

A LOS CUATRO VIENTOS

Últimos títulos publicados

66. *Todo confluye. Espíritu y espiritualidad en los movimientos altermundistas*, J. Eizagirre
67. *Humanitinas. Fármacos humanizadores*, José Carlos Bermejo y Diana S. Simón
68. *La homosexualidad en verdad. Romper, por fin, el tabú*, Philippe Ariño
69. *Zendo Betania. Donde convergen zen y fe cristiana*, Ana María Schlüter
70. *Solo estar*, Enrique y Mercedes Montalt Alcayde
71. *La dicha de ser. No-dualidad y vida cotidiana*, Enrique Martínez Lozano (3ª ed.)
72. *Enseñanzas del Silencio de Moratiel*, Alicia Martínez (2ª ed.)
73. *Puentes de perdón*, Pax Dettoni Serrano
74. *Espiritualidad para ahora. Verbos para el hortelano del espíritu*, J. C. Bermejo (2ª ed.)
75. *El pulso del cotidiano. Ser. Hacerse. Vivir. Realizarse*, José María Toro
76. *Más allá del olvido*, Matilde de Torres Villagrá
77. *El que vive. Relecturas del Evangelio*, Juan Masiá Clavel, S.J.
78. *Un corazón atento. Entre la misericordia y la compasión*, Luciano Sandrin
79. *El diálogo en plena conciencia. El sendero interpersonal hacia la liberación*, G. Kramer
80. *Cuando tu sufrimiento y el mío son un mismo sufrimiento. La vida como sanación compasiva*, Carlos Díaz
81. *Locura de la psiquiatría. Apuntes para una crítica de la psiquiatría y la "salud mental"*, Alberto Fernández Liria (2ª ed.)
82. *Metáforas de la no-dualidad. Señales para ver lo que somos*, E. Martínez Lozano (2ª ed.)
83. *Koan inspirados en San Juan de la Cruz. Luces de occidente para iluminar el camino*, Pedro Vidal López
84. *Mujeres que aman. Susurros feministas sobre el amor y el desamor*, R. M. Belda
85. *El evangelio marginado*, José María Castillo (3ª ed.)
86. *Morir hoy. La muerte desterrada*, Víctor Manuel Cabanillas Gutiérrez
87. *Elige la vida. Una lectura existencial de la Biblia*, Montse de Paz
88. *Peregrinar a Jesús. Dios, Jesús y la Salud*, J. C. Bermejo y A. Álvarez Valdés
89. *Psicopatología y psicoterapia de las experiencias transpersonales*, Ana Gimeno-Bayón
90. *En el principio era la vida. Comentario al evangelio de Juan*, E. Martínez Lozano
91. *Dar-se-nos. Aproximarse al sentido de la propia vida permite acceder a la comunión con el otro y con el Otro*, Enrique y Mercedes Montalt Alcayde
92. *El milagro de vivir despierto. Ser nadie, cumbre de la madurez*, Rafa Redondo
93. *Felicidad tóxica. El lado oscuro del pensamiento postivo*, Rafael Pardo (2ª ed.)
94. *Duelo digital y coranavirus*, José Carlos Bermejo
95. *Encuentros con el silencio*, Julio Zarco Rodríguez

96. *Metáforas para la consciencia,* Pepa Horno - Ilustraciones Zaida Escobar (2ª ed.)
97. *Dar gracias. Oraciones para humanizar la cotidianeidad,* José Carlos Bermejo
98. *Humanizar. Humanismo en la asistencia sanitaria,* José Carlos Bermejo, María Pilar Martínez, Marta Villacieros
99. *El mundo en que vivimos. La conciencia y el camino del alma,* Wilfried Nelles
100. *Humanizar la soledad. Comprenderla y acompañarla,* Consuelo Santamaría, José Carlos Bermejo (2ª ed.)
101. *Un camino sin atajos. Duelo por el suicidio de un ser querido,* Alejandro Rocamora Bonilla (Dir.)
102. *El sanador herido. Humanizar las relaciones de ayuda,* José Carlos Bermejo
103. *Profundidad humana, fraternidad universal. La espiritualidad no-dual,* Enrique Martínez Lozano
104. *El ser humano, un ser espiritual,* Javier Urra (3ª ed.)
105. *La vida de Jesús y sus enseñanzas,* Manuel Segura
106. *Mindfulness para cristianos,* Rafael Pardo
107. *Oraciones para humanizar cada día,* José Carlos Bermejo
108. *El arte de mirar y escuchar desde el Corazón,* José María Toro
109. *Gratitud,* Rafael Redondo
110. *Escucha y consuelo. La palabra que sana,* José Carlos Bermejo
111. *Declive de la religión y futuro del evangelio,* José María Castillo (2ª ed.)
112. *Motivación y salud,* José Carlos Bermejo
113. *Pérdidas y comprensión ¿Cómo vivir los duelos?,* E. Martínez Lozano (2ª ed.)
114. *En tus manos encomiendo mi espíritu. Tu cayado me acompaña,* Rafa Redondo
115. *Mujeres sacerdotes, ¿cuándo? Diálogos en torno al sacerdocio de las mujeres,* Mª José Arana (2ª ed.)
116. *La vida íntima,* Javier Urra
117. *Cuando muere la persona amada,* Enrique Martínez Lozano
118. *Un resplandor inesperado. Relatos de transformación espiritual basados en hechos reales,* Ricardo Fernández Aguilà
119. *Acoger al niño o niña interior. Reconectar con el propio valor y la propia bondad,* Enrique Martínez Lozano (2ª ed.)
120. *Profesionales compasivos. La aceptación incondicional en las relaciones de ayuda,* Ana Martínez-Cuevas, José Carlos Bermejo y Pilar Barreto Martín
121. *Meister Eckhart. El libro del consuelo y conforte Divino,* José Carte
122. *La presencia del Jesús interior,* Rafa Redondo
123. *Duelo e inteligencia artificial,* José Carlos Bermejo
124. *Supervisión y counselling. Una aproximación desde la práctica,* José Carlos Bermejo y Rosa María Belda
125. *Vivir sin culpa. Reconocer la inocencia, descansar en la confianza,* Enrique Martínez Lozano